QU'EST-CE QUE LE PATRIOTISME ?

CHEMINS PHILOSOPHIQUES

Collection dirigée par Magali BESSONE et Roger POUIVET

Louis LOURME

QU'EST-CE QUE LE PATRIOTISME ?

PARIS
LIBRAIRIE PHILOSOPHIQUE J. VRIN
6 place de la Sorbonne, V ͤ
2019

David Miller, « Reasonable Partiality Towards Compatriots » (extrait),
Ethical Theory and Moral Practice
© 2005 With kind permission from Springer Science+Business Media.

© *Librairie Philosophique J. VRIN*, 2019
Imprimé en France
ISSN 1762-7184
ISBN 978-2-7116-2852-0
www.vrin.fr

Pour Marie,
Pour Jean,
Pour Jacques,
Pour Domitille

QU'EST-CE QUE LE PATRIOTISME ?

> Ô Anges du Pays natal ! devant qui le regard,
> Même fort, et le genou plient.
> Hölderlin, *Stuttgart*, 6

INTRODUCTION :
POURQUOI ATTACHER DES DRAPEAUX AUX FENÊTRES ?

Pourquoi certains mettent-ils des drapeaux à leurs fenêtres lors des fêtes nationales, tandis que d'autres ne le font pas ? Pourquoi certains fleurissent-ils les monuments aux morts et sont-ils émus lors des commémorations annuelles de tel ou tel événement historique du pays ? Pourquoi certains ressentent-ils et affirment-ils quelque chose comme une « fierté d'être français » quand d'autres n'éprouvent rien de tel ? À ces questions, nous pourrions être tentés de répondre simplement : « parce que certains aiment leur pays et d'autres non ». Mais cela suffit-il ? Et que voulons-nous dire précisément quand nous disons *aimer* notre pays ? De tels gestes témoignent incontestablement à la fois d'un attachement au pays et à son histoire (l'individu qui agit de cette manière manifeste en effet son inscription volontaire dans une communauté politique élargie, qui dépasse le cercle immédiat de ses connaissances), en même temps que d'une volonté de rendre cet attachement *visible*. Ces deux aspects (attachement et visibilité de l'attachement) font de ces gestes des gestes *patriotiques* au sens où il faut aimer son pays et avoir envie que cet attachement soit *vu* pour mettre des drapeaux à sa fenêtre un jour de fête nationale. Mais il y a bien des attitudes possibles : on peut aimer son pays sans avoir le désir de le manifester aux yeux de tous de cette façon, on peut avoir envie de faire bien plus par amour pour la patrie que simplement un tel geste, on peut aussi vivre tout à fait normalement dans un pays qu'on n'*aime* pas, etc.

De ces actes très courants et de leur dimension patriotique, nous pouvons donc dire au moins trois choses : premièrement, il s'agit d'exemples de gestes patriotiques *minimum* (la patrie peut exiger bien davantage du patriote qu'un drapeau ou une gerbe de fleurs – jusqu'à sa vie) ; deuxièmement, dans un espace démocratique, de telles manifestations de patriotisme ne sont pas exigées du citoyen (à quoi ressemblerait en effet un pays qui imposerait à ses citoyens des gestes patriotiques ? et serait-ce encore du patriotisme si ces gestes étaient contraints ?) ; et, troisièmement, chacun de ceux qui accomplissent de telles actions peut les investir d'un degré d'attachement au pays différent. Ces trois remarques générales constituent ainsi une première approche du concept de patriotisme : un patriote peut pousser loin son « amour de la patrie » même si aucune institution ou demande officielle ne l'exige formellement de lui, et l'intensité de cet amour est éminemment variable d'un individu à l'autre.

Aussitôt exposée, une telle approche qui se fonde sur la définition la plus commune du patriotisme entendu comme « amour de la patrie » soulève deux problèmes majeurs qui ne cesseront de nous occuper dans cet ouvrage : (1) en quoi consiste l'*amour* qu'éprouve le patriote ? ; et (2) qu'est-ce donc que la *patrie* que le patriote dit aimer ? À bien des égards, les nombreuses études de philosophie politique et morale contemporaines portant sur le concept de patriotisme peuvent être réduites à un traitement de ces deux questions, qui sont bien plus profondes et compliquées qu'elles ne paraissent. Sur le sentiment qu'éprouve le patriote d'abord, comment ne pas commencer par s'étonner de l'usage courant de la notion d'« amour » pour désigner le sentiment patriotique ? Que vient faire ce terme dans le champ politique ? Est-il efficace pour rendre compte de l'attachement d'une personne à un espace géographique, un héritage historique, une langue, ou un projet politique ? Et, au-delà même du terme employé, quelle est la nature exacte du sentiment patriotique ? Quelle est son origine ? Sa portée ? Sa légitimité ? Quant à la notion de « patrie » ensuite, elle désigne selon les époques et les auteurs des objets si variés qu'une analyse rigoureuse du concept de patriotisme suppose nécessairement un travail préliminaire de clarification (voire de classification) de ses différents usages. L'étymologie semble pouvoir mettre tout le monde d'accord puisqu'elle nous enseigne que la patrie est originellement la « terre des pères » (*terra patria*)[1], ce qui semble en faire essentiellement un *héritage* et qui inscrit la vie concrète de celui qui y est attaché dans une histoire qui le précède et le dépasse. Mais le sens de cette formule varie à tel point que le patriote

---

1. C'est à partir d'une réflexion sur cette étymologie que Fustel de Coulanges associe le patriotisme des Anciens à un sentiment essentiellement religieux – il écrit notamment : « l'amour de la patrie, c'est la piété des anciens » (voir Fustel de Coulanges, *La Cité antique* (1864), chapitre XIII, Paris, Flammarion, 2009). En l'associant ainsi à un sentiment religieux, il ne manque d'ailleurs pas de renforcer l'interrogation quant à la nature de l'amour en jeu dans le patriotisme.

n'est évidemment pas attaché à la même « patrie » chez Cicéron ou chez Habermas par exemple – ni la « terre » ni les « pères » ne désignent ici et là les mêmes objets. Comment alors la définir de façon pertinente ?

Une autre observation préliminaire nécessaire consiste à noter que les manières d'être attaché à la communauté politique sont nombreuses : autochtonie, chauvinisme, nationalisme, esprit de clocher, régionalisme, etc. Tous ces termes entretiennent avec le patriotisme un fort lien de parenté dans la mesure où ils désignent différents types de loyautés politiques, c'est-à-dire des manières d'affirmer que l'appartenance à telle communauté politique est déterminante dans l'identité personnelle, et qu'elle exige de la part de celui qui s'en réclame un comportement particulier. Cette variété des termes nous montre que le patriotisme doit composer, au sein de l'espace politique, avec d'autres modalités de l'attachement. Ce simple constat invite à poser la question centrale des possibles conflits de loyautés (comment s'articulent entre eux les différents niveaux d'attachements ?) qui nous occupera largement dans les pages qui viennent, mais nous devons avant tout considérer sérieusement le fait que le patriotisme ne soit pas à proprement parler synonyme des autres termes. Et s'il peut arriver qu'il soit largement rapproché d'autres notions connexes (le nationalisme ou le chauvinisme par exemple), le fait est que, dans le langage ordinaire comme dans l'usage philosophique, le patriotisme n'est ni l'autochtonie, ni le chauvinisme, ni le nationalisme, ni encore l'esprit de clocher.

Les différents types de loyautés politiques peuvent être distingués les uns des autres au moins selon une triple détermination : selon leur nature (exclusivité ou non-exclusivité, fondement rationnel ou non-rationnel, etc.), selon leur portée politique (que fait la communauté politique de chacun de ces types de loyautés ?), et selon leur objet d'attachement (qui peut notamment être ethnique, culturel, historique, ou géographique). Chacune de ces trois déterminations offre un angle d'analyse différent et soulève des enjeux spécifiques : un attachement exclusif à une communauté réduite dont on connaîtrait personnellement tous les membres et qui serait très homogène sur le plan ethnique (par exemple l'appartenance aux *Chelsea Headhunters*, ce groupe de hooligans racistes qui soutenait le club de football de Chelsea dans les années 70) n'aurait probablement ni le même statut moral ni la même portée politique qu'un attachement rationnel à une communauté supra-nationale comme l'Europe. C'est ainsi notamment au regard de cette triple détermination que nous aurons à définir le patriotisme pour lui-même et relativement aux autres types de loyautés.

Une autre façon de mettre au jour l'étrangeté du patriotisme consiste à s'interroger sur ce qui ressemble fort à un paradoxe qu'il soulève : le patriotisme désigne en effet l'attachement d'un être – l'être humain – qui semble précisément avoir comme caractéristique onto-logique fondamentale le fait de pouvoir être pensé indé-pendamment de ses racines. L'homme est justement celui qui *peut* ne pas être enraciné ou qui peut être pensé sur un autre plan que celui de son origine – « inenracinement » qui ouvre la possibilité de la liberté, et donc de l'éthique. Constat dressé par exemple par Épictète en ces termes :

> Faudra-t-il que tous les hommes soient immortels, que personne ne change jamais de pays, que nous personnel-lement nous n'en changions jamais, et prenions racine dans un même endroit, comme les plantes ? (…) Outre

> que la nature a donné à l'homme l'élévation de l'âme
> et la force de dédaigner tout ce qui ne dépend de son
> libre arbitre, il a l'avantage de ne pas prendre racine,
> de n'être pas attaché au sol, et de passer d'un lieu à un
> autre, tantôt parce que ses besoins l'y poussent, tantôt
> pour le simple plaisir de voir.[1]

Penser un homme particulier sans racine est probablement une illusion de laquelle il faut se garder – ne serait-ce pas le plus sûr moyen de nier son identité ? – mais que l'être humain puisse être celui qui ne se laisse pas définir ou déterminer par ses racines, voilà qui paraît être un aspect essentiel de notre humanité. Comment alors comprendre que cet inenracinement fondamental de notre être puisse donner lieu à une volonté ou à un désir d'attachement ?

Nous le constatons donc aisément : aussi anodin que ce geste puisse paraître à celui qui l'accomplit, attacher des drapeaux aux fenêtres pose des questions très essentielles touchant non seulement à la délicate définition de certaines notions-clefs de la vie politique ordinaire (la loyauté, la communauté, l'identité, l'héritage, la citoyenneté, etc.), mais soulève aussi et avant tout des enjeux moraux et politiques impliqués par cette façon très spécifique d'être attaché à la communauté politique qu'est le patriotisme[2]. C'est essentiellement à ces questions que cet ouvrage entend se confronter.

---

1. Épictète, *Entretiens*, III, 24, 7-12.
2. Dans l'introduction qu'ils proposent à l'ouvrage *The Ethics of Patriotism*, John Kleinig, Simon Keller, et Igor Primoratz recensent par exemple sept des principales questions qui se posent au concept de patriotisme, outre celle, fondamentale, de sa définition (voir John Kleinig, Simon Keller, et Igor Primoratz, *The Ethics of Patriotism : a debate*, Chichester, Wiley Blackwell, 2015, p. 10 à 13).

QU'APPELLE-T-ON « PATRIE » ?

Si l'on pense voir aisément ce que désigne le « village » de celui qui dit y être attaché (ses limites géographiques, ses caractéristiques, etc.), les choses semblent moins claires pour ce qui concerne le concept de « patrie ». À cela il y a au moins deux raisons : premièrement, la patrie a historiquement désigné des objets très différents et parfois très éloignés du sens géographique auquel il arrive qu'elle soit réduite ; deuxièmement, l'objet de l'attachement du patriote semble être moins immédiatement accessible au sens où le patriote ne peut pas *connaître* sa patrie de la même manière que celui qui est animé par l'esprit de clocher *connaît* son village.

La patrie comme objet imaginaire

Dire que le patriote ne peut apparemment pas connaître sa patrie comme on connaît son village permet de distinguer différents types d'attachements : les « attachements proches » (ceux dont l'objet est entièrement accessible à l'échelle de celui qui ressent cet attachement) et les « attachements lointains » (dont l'objet n'est pas entièrement accessible)[1]. Par exemple, le nationalisme est un attachement *lointain* dans la mesure où le nationaliste ne connaît évidemment pas (et ne peut pas connaître) tous les individus qui composent la nation dont il se revendique. De cela on pourrait être tenté de conclure que les deux types d'objets *existent*

---

1. Ce dont parle David Miller en évoquant les relations « réelles » et les relations « artificielles » (voir « Reasonable partiality towards compatriots », *Ethical Theory and Moral Practice*, n°28, 2005, p. 68). Précisons que lui-même ne considère pas cette distinction comme pertinente pour définir le patriotisme.

différemment : le village existe sur le plan empirique
au sens où on peut le voir, connaître les visages et les
histoires de ses habitants (même sans y être attachés), ce
qui n'est pas le cas de la patrie. En somme on pourrait
être tenté de dire que, à la différence de la nation ou de
la patrie, le village n'est pas un objet imaginaire, mais
qu'il a une chair, une épaisseur sensible pour celui qui
y est attaché – et l'attachement se fonderait alors sur
cette épaisseur sensible [1]. Mais est-ce vrai ? Et est-ce que
cette non-connaissance directe de l'objet change quelque
chose de fondamental par rapport à l'attachement que
l'on peut ressentir vis-à-vis d'une communauté réduite
comme un village, un club de tennis ou une troupe de
scouts ?

L'apparente plus grande empiricité dont a l'air de jouir
le village change probablement la donne par rapport au
patriotisme ou au nationalisme ne serait-ce que parce que
l'individu y voit plus immédiatement sa place. Toutefois,
ainsi énoncée, cette thèse apparaît comme n'étant pas
entièrement satisfaisante car, en réalité, dans toutes les
modalités de l'attachement (attachements proches ou
attachements lointains), celui-ci dépend toujours de la
représentation qu'un individu se fait de la communauté
vis-à-vis de laquelle il se sent engagé. Certes, dans un

---

1. Cette thèse est notamment celle soutenue par Benedict Anderson.
Dans l'ouvrage célèbre qu'il consacre au nationalisme, il soutient que
les « communautés imaginées » que sont les nations ne doivent pas être
distinguées des communautés réelles – car ces communautés imaginées
sont bien réelles – mais plutôt des communautés au sein desquelles les
individus peuvent se rencontrer et se connaître. Dans les communautés
imaginées les liens entre les individus sont invisibles et impersonnels
(voir Benedict Anderson, *L'imaginaire national, Réflexions sur
l'origine et l'essor du nationalisme*, Paris, La découverte, 2000).

village, il peut rencontrer individuellement les membres de cette communauté réduite, mais cela ne change rien au fait que d'autres que lui peuvent se la représenter différemment et y être plus ou moins attachés que lui. Que le village soit empiriquement plus connaissable que la nation ou la patrie ne fait aucun doute, mais celui qui y est attaché enracine moins son attachement dans la connaissance empirique qu'il en a, que dans la manière dont il se représente son histoire, sa géographie, sa population – voire son climat ou la beauté de sa campagne. Le village existe sur le plan administratif ou politique, mais le village auquel nous sommes attachés n'est pas cet objet administratif, il est le village *tel que nous nous le représentons*. De la même manière, la patrie est une certaine idée que nous nous faisons de la communauté au sein de laquelle nous évoluons[1]. De ce point de vue, nous sommes toujours attachés à une communauté (notre village ou notre patrie) comme à un objet par nature *imaginaire*, c'est-à-dire un objet (plus ou moins empiriquement connu) construit par notre imagination.

---

1. La patrie est-elle d'ailleurs moins réelle que le village uniquement parce qu'il est plus délicat d'en avoir une connaissance empirique ? Elle est plus étendue, elle est connue par un plus grand nombre de personnes, elle a une plus grande effectivité politique (au sens où elle est par exemple davantage célébrée, défendue, symboliquement reconnue, etc.) : ne pourrions-nous pas logiquement en conclure que « patrie » et « nation » sont en un certain sens plus réelles que les objets pourtant empiriquement mieux connus ? Quoi qu'il en soit de cette réflexion sur les ordres de réalités des différents objets possibles de l'attachement politique, c'est toujours à l'idée que nous nous faisons de la communauté que nous sommes attachés plus qu'à une communauté objective et identique d'un esprit à l'autre.

La patrie n'est pas la nation

Les deux objets d'attachements politiques majeurs que sont la patrie d'une part et la nation d'autre part ont incontestablement eu, depuis le XIXe siècle, un destin lié. À tel point d'ailleurs que les études critiques contemporaines portant sur le patriotisme cherchent bien souvent soit à reprocher au patriotisme réel sa tendance naturelle au nationalisme, soit, chez les penseurs cherchant à répondre à cette accusation (accusation justifiée en grande partie par l'histoire récente des nationalismes politiques et de leurs conséquences désastreuses), à expliquer que l'on peut avoir un « patriotisme sans nationalisme »[1]. Peut-on alors différencier les deux notions selon leurs objets d'attachement respectifs ?

La nation n'est pas un objet parfaitement clair et dont le sens serait partagé de manière identique par tous ceux qui l'emploient. De façon très classique, rappelons que l'on distingue au moins deux visions archétypiques de la nation : une vision que l'on a appelée « française » (à la suite du *Qu'est-ce qu'une nation ?* de Ernest Renan en 1882), au sein de laquelle la nation désigne un projet commun ; et une vision qualifiée d'« allemande » (à la suite notamment des *Discours à la nation allemande* de Fichte en 1807), qui insiste sur la nation culturelle. Cette distinction classique, proposée en 1908 par l'historien allemand Friedrich Meinecke, essaye de rendre compte de deux manières de fonder la nation : d'un côté ce qu'il appelle la *Staatsnation*, de l'autre la *Kulturnation*[2].

---

1. Titre de l'épilogue de l'ouvrage de Maurizio Viroli : « Epilogue : Patriotism without Nationalism », in *For Love of Country : an essay on patriotism and nationalism*, Oxford, Clarendon Press, 1995, p. 161-188.

2. Friedrich Meinecke, *Weltbürgertum und Nationalstaat : Studien zur Genesis des deutschen Nationalstaates*, Munich, Oldenburg 1908.

Cette façon de distinguer deux conceptions de l'identité nationale ne doit évidemment pas être comprise comme une distinction entre deux modèles exclusifs – en témoigne la dimension culturelle de l'identité nationale française qui n'a cessé de se développer et d'être politiquement encouragée depuis le XIXᵉ siècle. Même Renan ou Fustel de Coulanges, pourtant traditionnellement considérés comme étant ceux qui pensent la nation française en termes de volonté commune et de projet commun plutôt qu'en termes de communauté de langue et de culture, accordent dans leurs analyses une large place à l'héritage commun et à l'histoire commune – la nation n'étant pas seulement, selon les termes célèbres de Renan dans *Qu'est-ce qu'une nation ?*, le « consentement actuel, le désir de vivre ensemble », mais aussi « l'aboutissement d'un long passé d'efforts, de sacrifices et de dévouements »[1].

Aussi équivoque qu'elle puisse être (peuple homogène ou projet collectif), il apparaît en tout cas que la nation se distingue du concept de patrie par au moins deux aspects essentiels, l'un sémantique et l'autre historique : il n'y a d'abord, dans l'idée de nation, aucune dimension *géographique* (originellement constitutive du concept de patrie et sur laquelle nous reviendrons) ; ensuite, l'histoire des XIXᵉ et XXᵉ siècles a considérablement fait évoluer l'usage du terme « nation ». En effet, comme l'explique notamment Habermas, ce qui prend fin avec la Deuxième Guerre mondiale, ce n'est pas seulement *tel* fascisme ou *tel* événement tragique, mais c'est plus largement un certain usage politique du nationalisme et l'idée qu'il pourrait signifier une solution aux crises nationales.

---

1. Ernest Renan, *Qu'est-ce qu'une nation ?* (1882), Paris, Le Mot et le Reste, 2007, partie III, p. 33.

Le nationalisme est très efficacement défini par Ernest Gellner, comme étant une « théorie de la légitimité politique qui exige que les limites ethniques coïncident avec les limites politiques et, en particulier, que les limites ethniques au sein d'un État donné (…) ne séparent pas les détenteurs du pouvoir du reste du peuple »[1]. Mais il ne se résume pas à cette « théorie de la légitimité politique », au sens où l'utilisation politique qui en a été faite contribue aussi à le définir. De fait, il a longtemps servi la stabilité de l'État en permettant, comme l'explique Habermas, de « dévier la force des conflits sociaux vers l'extérieur et [de] les neutraliser au moyen de succès obtenus dans le domaine de la politique extérieure »[2]. La Deuxième Guerre mondiale jette un discrédit sur cette recette nationaliste classique qui cherchait, par un recours à l'idée de nation, à mobiliser les énergies politiques et économiques nationales afin de résoudre les crises sociales intérieures. Bien entendu, cette histoire récente ne signifie pas que le concept de « nationalisme » ait disparu – il persiste comme idéologie politique dans bien des pays et revient dans les champs des études politiques contemporaines au moins sous deux formes très différentes : le « nationalisme libéral » d'une part (qui considère que les idéaux du libéralisme supposent, pour être atteints, une politique menée à l'échelle nationale[3]) et le « nationalisme méthodologique » d'autre

1. Ernest Gellner, *Nations et nationalisme*, trad. B. Pineau, Paris, Payot & Rivages, 1999, p. 12.

2. Jürgen Habermas, *La Paix perpétuelle, bicentenaire d'une idée kantienne*, Paris, Cerf, 1996, p. 34.

3. L'expression a été introduite dans la philosophie politique contemporaine par Yaël Tamir dans son ouvrage *Liberal Nationalism*, Princeton, Princeton University Press, 1995.

part (qui consiste, dans les différentes sciences sociales, à prendre l'échelle de l'État-nation comme principal angle d'analyse [1]). Seulement : il n'est pas possible de se référer aujourd'hui au nationalisme en ignorant ce que le nationalisme réel a reçu comme traduction historique et comme conséquence politique – une quête à tout prix de l'homogénéité ethnico-culturelle [2].

Les différentes conceptions du patriotisme

L'analyse d'Hannah Arendt concernant les différences entre l'expérience grecque de la *polis* et celle, romaine, de la *res publica* [3] montre, entre autres choses, que Grecs et Romains concevaient l'objet de leur attachement non pas seulement sous l'angle historique

1. L'expression a été initialement construite par Herminio Martins dans l'article « Time and Theory in Sociology », *in* J. Rex (dir.), *Approaches To Sociology*, Londres, Routledge & Paul Kegan, 1974, p. 246-294. Pour une présentation synthétique et une analyse stimulante du concept, voir notamment Speranta Dumitru, « Qu'est-ce que le nationalisme méthodologique ? Essai de typologie », *Raisons politiques*, 2014/2 N° 54, p. 9-22.

2. Margaret Canovan propose de distinguer la patrie et la nation en associant la première à un projet politique et la seconde à un ensemble cohérent d'individus liés par « la naissance et le sang » (retrouvant ainsi la distinction classique entre les deux conceptions possibles de la nation). Probablement le XXᵉ siècle permet-il d'associer prioritairement aujourd'hui la nation à son acception ethnico-culturelle, mais il convient de noter d'une part qu'elle n'a pas été que cela historiquement comme nous l'avons montré, et d'autre part que la « patrie » ne désigne pas que ce projet politique comme nous allons l'expliquer (voir Margaret Canovan, « Patriotism is not enough », *in* I. Primoratz (dir.), *Patriotism*, New York, Humanity Books, 2002, p. 275-276).

3. Hannah Arendt, *Condition de l'homme moderne* (1958), trad. G. Fradier, dans *L'humaine condition*, Paris, Gallimard, 2012, p. 51 à p. 323. Voir notamment le chapitre II : « le domaine public et le domaine privé », p. 77 à 121.

ou géographique (sol, langue, territoire, passé, etc.), mais aussi sous l'angle politico-juridique, plus abstrait, de la loi et du projet politique (*res publica*, bien commun, liberté, etc.)[1]. Le terme de patrie (ou l'objet qu'il sert à désigner) est ainsi profondément polysémique, et c'est cette polysémie qu'il faut chercher à clarifier. En effet, une analyse des différentes significations du concept de « patrie » doit non seulement permettre de classer les différentes acceptions possibles de la notion de « patriotisme », mais aussi de clarifier les discussions menées dans les débats contemporains (car toutes les formes de patriotismes n'ont pas la même valeur ni ne posent les mêmes problèmes sur les plans politique et moral). Cette distinction des différentes conceptions du patriotisme peut se faire selon les manières d'être attaché à la patrie[2] (on parle ainsi dans la littérature contemporaine, de patriotisme « radical », patriotisme « modéré », patriotisme « critique », etc.) ou bien selon les différentes façons de comprendre le concept de patrie – ce qui est l'angle le plus couramment choisi.

---

1. Voir notamment les trois premiers chapitres de Maurizio Viroli, *For Love of Country : an essay on patriotism and nationalism*, Oxford, Clarendon Press, 1995 ; et Mary G. Dietz, « Patriotism – A brief history of the term », publié une première fois dans T. Ball, J. Farr, Russel L. Hanson (dir.), *Political Innovation and Conceptual Change*, Cambridge, Cambridge University Press, 1989, p. 177 à 193 et repris dans Igor Primoratz (dir.), *Patriotism*, New York, Humanity Books, 2002, p. 201 à 215.

2. Ce que propose par exemple Igor Primoratz dans son article « Patriotism » de *l'Encyclopédie de Philosophie de Stanford* (voir Igor Primoratz, « Patriotism », in *The Stanford Encyclopedia of Philosophy*, Spring Edition, 2015, Edward N. Zalta (dir.), URL=<http://plato. stanford.edu/archives/spr2015/entries/patriotism/>).

Commençons alors par analyser ce qui semble être la dimension la plus immédiatement accessible dans le concept de patriotisme, à savoir la dimension géographique qui renvoie simplement à l'idée d'un attachement au sol. En cela, le patriotisme consiste en l'investissement symbolique et politique d'un territoire, et suppose de considérer non seulement un sol particulier comme collaborant de manière privilégiée à l'identité du peuple qui le foule, mais aussi comme susceptible d'imposer des devoirs pour sa défense – jusqu'à celui de la mort *pro patria*. Que la « patrie » désigne, selon les époques, le village natal, la Cité, la région ou le pays, ne signifie pas pour autant que le patriotisme ait jamais été exclusivement géographique [1] : plutôt qu'un strict attachement au lieu, il est, dès l'antiquité, l'attachement à ce dont ce lieu est le signe (lien aux ancêtres ou aux dieux, héritage de l'histoire, communauté politique, etc.). Autrement dit, le patriotisme géographique implique la plupart du temps que, même si la patrie est évidemment nécessairement située dans l'espace, le lieu auquel on est attaché tire sa valeur du politique, du religieux, ou du culturel [2]. On trouve ainsi déjà chez Cicéron une distinction entre deux patries : le lieu et le droit (l'origine géographique et la *civitas* [3]), et cette distinction classique se maintient et se

1. La formule « patriotisme géographique » est proposée par Claude Nicolet, *L'Idée républicaine en France, essai d'histoire critique (1789-1924)*, Paris, Gallimard, 1982.

2. Sur ce point, voir par exemple le célèbre article de Ernst Kantorowicz datant de 1951 « Mourir pour la patrie », trad. L. Mayali, dans *Mourir pour la patrie et autres textes*, Paris, Fayard, 2004, p. 127 à 167.

3. Cicéron, *De legibus*, II, 5 : « Tous les citoyens des municipes ont, je crois, deux patries : l'une de naissance, l'autre politique ; ainsi ce Caton dont tu parles, né à Tusculum, avait droit de cité à Rome.

précise de manière continue dans l'histoire – par exemple dans le *Traité sur la constance* (1594) de Juste Lipse, qui oppose ce qu'il appelle un patriotisme « naturel » (attachement au sol ou au territoire) à un patriotisme « politique » (attachement à une communauté politique que les hommes sont prêts à défendre) [1].

Une version radicalisée de cet attachement au sol est l'autochtonie, c'est-à-dire la conviction d'être *originairement* de tel lieu, voire la croyance qu'un peuple provient du sol même (à quoi fait référence l'expression « mère-patrie ») – c'est un élément récurrent des discours politiques athéniens et qui revient à « naturaliser » le corps politique. On trouve par exemple des traces de cette autochtonie chez Euripide [2] ou chez Platon lorsqu'il fait parler Aspasie dans son *Ménexène* :

> En ce qui regarde la noblesse de leur naissance, leur premier titre, c'est que leurs ancêtres n'étaient pas d'origine étrangère et que, de ce fait, eux, leurs descendants, n'étaient pas dans le pays des immigrés

Donc, tusculan d'origine, romain par droit de cité, il avait une première patrie de par le lieu de son origine et une autre par le droit » (cité par Barbara Cassin, *La nostalgie. Quand donc est-on chez soi ?*, Paris, Pluriel, 2015, p. 81).

1. Voir Maurizio Viroli, *For Love of Country : an essay on patriotism and nationalism*, Oxford, Clarendon Press, 1995, p. 45 et suivantes.

2. Lorsqu'Euripide, par exemple, écrit sa tragédie *Érechthée* (au cinquième siècle avant Jésus-Christ), il fait dire à Praxithéa, la femme du roi d'Athènes à qui l'oracle vient de révéler qu'il doit sacrifier sa fille s'il veut remporter la victoire sur Eumolpos et sauver la ville : « Nous sommes autochtones. Les autres cités, à la manière de jetons disposés sur un échiquier, sont formées d'éléments importés de toute origine. Quiconque vient d'une ville étrangère s'installer dans une autre ville, est comme une méchante cheville fichée dans une poutre : de nom, il est citoyen, de fait il ne l'est pas » (Euripide, *Érechthée*, fr. 14 JvL).

dont les aïeux seraient venus d'ailleurs, mais des autochtones, qui habitaient et vivaient dans leur patrie réelle et qui n'étaient pas nourris comme d'autres par une marâtre, mais par la terre maternelle dans laquelle ils habitaient, et qu'aujourd'hui, après leur mort, ils reposent dans leur propre terre, celle qui les a enfantés, nourris et reçus dans son sein. Dès lors, il n'est rien de plus juste que de glorifier d'abord leur mère elle-même, puisque c'est du même coup glorifier leur naissance. [1]

Dans le cas de l'autochtonie, la dimension géographique du patriotisme se double ainsi d'une dimension ethnique (la communauté politique est dans le même temps communauté territoriale et ethnique), et implique des effets politiques aussi bien pour ce qui regarde la citoyenneté que pour ce qui regarde le rapport à celui-qui-n'est-pas-d'ici. En effet, cette provenance originaire (c'est-à-dire ce rapport privilégié à la mère-patrie), même symbolique, semble réserver la participation politique à celui qui peut se revendiquer d'une ascendance autochtone, interdire dans le même temps l'intégration d'un étranger au sein de la patrie, et obliger à en défendre la « pureté » mythologique [2].

---

1. Propos prononcés par Socrate, lorsqu'il rend compte du discours prononcé par Aspasie dans le *Ménexène* (Platon, *Ménexène*, 237 b, trad. É. Chambry).
2. Ce culte de l'autochtonie est évidemment dénoncé par certains Grecs eux-mêmes, comme Isocrate qui écrit dans son *Panégyrique*, 50 : « Notre cité a tant distancé les autres hommes quant au penser et au parler que ses propres élèves sont devenus les maîtres des autres, et qu'elle a fait employer le nom de Grecs non plus comme celui de la race mais comme celui de la réflexion et qu'on préfère appeler Grecs ceux qui ont part à l'éducation qui est la nôtre plutôt que ceux qui partagent notre commune nature » (cité par Barbara Cassin, *La nostalgie*, *op. cit.*, p. 144).

Outre la dimension géographique, le patriotisme se fonde aussi sur une dimension historique de la communauté politique. Sous cette acception historique [1], le patriotisme désigne l'attachement d'un peuple à son histoire à la fois au sens de l'héritage d'une histoire commune, et au sens de la volonté de poursuivre cette histoire (deux aspects évidemment intimement liés à la conception de la nation développée par Renan pour qui, redisons-le, ce n'est pas le territoire, le sang ou la langue qui fonde la nationalité). Mais en quoi consiste cet « héritage » ? Je propose de distinguer l'aspect national de l'aspect civil comme caractérisant deux types possibles du patriotisme dans sa dimension historique.

L'aspect national est ce qui fait de l'héritage auquel on est attaché un facteur ou un signe d'unité du peuple (unité réelle ou fantasmée, peu importe ici) par ses liens pré-politiques autant que par ses liens politiques. Dans cette perspective nationale, la référence à l'histoire peut servir à construire et défendre l'idée d'une homogénéité culturelle, religieuse ou ethnique, pour laquelle ce qui est extérieur représente un *péril*. Cette modalité de l'attachement politique est proche en cela du nationalisme politique tel qu'il s'est développé au XIXe siècle et

---

1. Dans certains de ses textes, Jean-Marc Ferry propose de parler d'un « patriotisme historique » (voir notamment : Jean-Marc Ferry, « Quel patriotisme au-delà des nationalismes ? Réflexion sur les fondements motivationnels d'une citoyenneté européenne », dans P. Birnbaum (dir.), *Sociologie des nationalismes*, Paris, P.U.F., 1997 ; Jean-Marc Ferry, « Avatars du sentiment national en Europe à la lumière du rapport à la culture et à l'histoire », *Comprendre*, P.U.F., n° 1, sept. 2000 ; ou encore Jean-Marc Ferry, « Face à la question européenne, quelle intégration postnationale ? », *Critique internationale* 2004/2, n° 23, p. 81-96).

qui, outre les ravages qu'il a historiquement causés au XXᵉ siècle, rend difficile d'en penser sans heurts et sans violence la promotion au sein de nos sociétés pluralistes.

Loin de cette défense d'une prétendue essence pré-politique de la communauté, ce que j'appelle l'aspect « civil » de l'héritage renvoie à l'acception *politique* du patriotisme, que celui-ci prenne la forme du patriotisme républicain des Anciens ou de celui des Modernes, du patriotisme que l'on pourrait appeler un patriotisme « étatiste » (à la manière de la vision hégélienne), ou encore du patriotisme constitutionnel de Jürgen Habermas. Dans tous les cas, l'attachement au passé et au futur de la communauté politique est un attachement rationnel et nécessaire, non pas parce que *tel* État est meilleur ou plus juste qu'un autre, mais simplement parce que c'est cet État qui est cause et conséquence de la liberté du citoyen. Il ne s'agit donc pas de nier l'importance des liens particuliers qui unissent les individus d'une patrie (comprise en ce sens politique) et qui donnent de l'épaisseur au sentiment patriotique, mais simplement de dire que ce ne sont pas ces liens qui sont l'objet du patriotisme – comme c'est le cas dans le nationalisme –, ils servent une idée politique qui est, elle, l'objet véritable de l'attachement.

Chez Hegel par exemple, le patriotisme ne désigne pas une émotion subjective enthousiaste pour un sol particulier ou une histoire particulière, et qui se traduirait par quelques actes ponctuels et visibles de tous, mais il consiste plutôt, selon son heureuse formule, en un « vouloir devenu habitude »[1].

---

1. Hegel, *Principes de la philosophie du droit*, trad. J. Hyppolite, 1820, Paris, Gallimard, 1940, § 268, p. 299.

[Le patriotisme] ne peut être que le résultat des institutions existant dans l'État, car c'est en elles que la raison est véritablement donnée et réelle et elle reçoit son efficacité de la conduite conforme à ces institutions. Ce sentiment est principalement la confiance (qui peut devenir une compréhension plus ou moins cultivée) et la certitude que mon intérêt particulier et mon intérêt substantiel sont conservés et maintenus dans l'intérêt et dans les buts d'un autre (ici l'État), par suite de sa relation à moi comme individu ; d'où il résulte justement, qu'il n'est pas pour moi quelque chose d'autre et que dans cet état de conscience, je suis libre [1].

Cette vision du patriotisme se garde donc d'une part de l'abstraction excessive que représenterait un rapport à l'État réduit à la seule volonté consciente du citoyen [2] (il provient des institutions de *tel* État qui éduquent un comportement patriotique, que ce comportement parvienne d'ailleurs à devenir volontaire et conscient de la part de l'individu ou qu'il n'y parvienne pas), et d'autre part de l'aspect extraordinaire d'un patriotisme qui aurait à faire ses preuves uniquement par le biais de coups d'éclats visibles ; il consiste en une pratique ordinaire du politique qui manifeste la loyauté du citoyen vis-à-vis de l'État.

Maurizio Viroli résume quant à lui parfaitement le sens et la valeur de l'histoire et des particularismes des différentes communautés politiques dans la perspective du patriotisme républicain qu'il cherche à promouvoir (et à distinguer du nationalisme), lorsqu'il écrit par exemple :

1. Hegel, *Principes de la philosophie du droit, op. cit.*
2. Voir notamment sur ce point la critique que Hegel fait de Rousseau au § 258, rem.

Pour les écrivains politiques républicains, la république n'est pas une réalité politique abstraite, mais un bien que nos parents et les parents de nos parents ont contribué à construire et conserver et qu'il est de notre devoir de conserver, si nous voulons que nos enfants vivent libres. Certes chaque cité, nous dirions de nos jours chaque communauté nationale, est particulière, a sa propre histoire et ses caractères qui la différencient des autres cités, mais pour être une véritable république elle doit être fondée sur la justice. (...) Mais si nous construisons notre cité sur une conception particulière du bien, sur une culture particulière, nous n'aurons pas une cité juste, une cité de tous, mais la cité de quelques-uns pour quelques-uns. [1]

Nous aurons bien entendu à revenir sur les différentes conceptions du patriotisme que nous nous sommes ici contentés de croiser, mais il apparaît d'ores et déjà une double exigence qui caractérise le patriotisme au sein des sociétés contemporaines pluralistes : d'une part, pour échapper aux affres du nationalisme politique, l'amour de la patrie doit porter sur le projet politique (la liberté commune et les institutions qui la rendent possible) ; d'autre part, pour être effectif, le patriotisme doit s'appuyer sur l'histoire particulière de *telle* patrie – particularité nécessaire à l'émergence de la vertu civique dans la mesure où il faut bien que celle-ci provienne de quelque part [2]. On voit aisément que ces deux exigences peuvent entrer en tension : la première tend vers l'universel, tandis que la seconde particularise la notion, si

1. Maurizio Viroli, « Républicanisme, libéralisme et communautarisme », *Klesis*, 2011, n°18, p. 6.
2. Voir sur ce point Maurizio Viroli, *For Love of Country*, *op. cit.*, Introduction.

bien que nous aurons à nous demander si l'amour de telle patrie peut être légitime sans glisser vers une simple fierté particulariste, s'il peut échapper au risque de chauvinisme ou de mépris des autres – cette « idolâtrie de soi » dont Simone Weil parle pour désigner le sens du patriotisme que nous auraient légué les Romains [1].

LA NATURE DISCURSIVE DU PATRIOTISME

Avoir dit, comme nous l'avons fait plus haut, que le patriotisme pouvait être caractérisé comme « attachement lointain » (c'est-à-dire, rappelons-le, comme attachement dont l'objet nous est en partie inaccessible) suppose que le patriotisme, en quelque sens qu'on l'entende, soit plus essentiellement le fait d'un *récit* que dans le cas d'attachements proches. Le patriotisme aussi bien que l'existence politique de la patrie (c'est-à-dire ses effets sur le monde et sur les comportements) dépendent en effet très profondément du discours tenu, au sein du corps politique, sur son propre passé ou sa propre identité. Pourrait-il en effet y avoir patriotisme là où la communauté ne produirait pas d'abord un tel discours sur elle-même ? La patrie existe-t-elle avant de se décrire comme patrie (ou indépendamment du discours patriotique) ? On sera peut-être tenté de répondre ici que, pour un patriote, la patrie n'est pas seulement un objet de discours : l'attachement bien réel dont il fait l'expérience (disons : la patrie *vécue*) lui paraîtrait probablement en partie nié s'il n'était porté qu'à un objet d'une telle nature. Mais dire cela n'est pas dire que la patrie n'existe pas, c'est

---

1. Simone Weil, « L'enracinement », dans *Œuvres*, Paris, Gallimard, 2008, p. 1115.

seulement dire qu'elle existe sur un certain mode, sans que cela ne revienne à en nier l'effectivité politique ou la densité psychologique pour le patriote.

Pour le comprendre, prenons l'exemple extrême de celui qui est prêt à mourir pour la patrie – disons : le soldat engagé volontaire ou le résistant – et demandons-nous quelle est la nature de l'objet pour lequel il est prêt à donner sa vie. S'il est prêt à « mourir pour la France », pour quoi exactement est-il prêt à mourir ? La patrie peut avoir dans son esprit plusieurs significations (nous l'avons dit plus haut, ce peut être : ce à quoi il pense devoir quelque chose de déterminant dans sa propre identité ; ce qui représente un certain idéal de justice ; ce qui désigne un certain passé ; ce vis-à-vis de quoi il se sent redevable, etc.), mais dans tous les cas, ces significations sont des *récits* (récit de soi, récit idéologique ou récit historique) et son patriotisme est donc conditionné à ces récits. Cela n'invalide pas la force de l'amour que le patriote porte à sa patrie et cela ne diminue en rien la légitimité de ses éventuels engagements, mais cela signifie simplement deux choses : premièrement que l'objet de l'amour du patriote n'existe pas hors d'un récit patriotique ; deuxièmement que ce récit patriotique est de nature éminemment performative au sens où il construit l'objet qu'il décrit à mesure qu'il s'énonce. Si l'on peut dire ainsi qu'il n'y a pas de patrie sans patriote, ce n'est donc pas seulement au sens où dans toutes les patries on trouve des patriotes, mais aussi au sens plus fondamental où, sans patriote, il n'y a littéralement pas de patrie. Dans un texte de 1978[1], Vaclav Havel met

---

1. Vaclav Havel, « Le pouvoir des sans-pouvoirs », trad. D. Kahn, dans *Essais politiques*, Paris, Calmann-Levy, 1989, p. 65 à 157.

ainsi en lumière le rôle de certains individus dans la construction de ce récit patriotique. Partant de l'exemple de la Tchécoslovaquie, il montre notamment que, dans un contexte non démocratique, la résistance de certains aux injonctions politiques (résistance motivée par des idéaux libéraux ou démocratiques) peut être analysée sur le moment comme antipatriotique, mais que malgré cela, ce sont bien ces actes de dissidence (en apparence absurdes et inutiles au moment où ils sont réalisés) qui permettent après coup de réécrire le *récit* patriotique en insistant sur la continuité de la patrie. Ceux qui agissaient contre la patrie et son ordre à un moment donné seront donc les mêmes que ceux qui apparaîtront plus tard, une fois le contexte politique changé, comme les promoteurs de la patrie véritable – contre les « traîtres à la patrie ».

De cette nature discursive du concept, nous pouvons donc déduire d'abord que le patriotisme est un fait *communautaire* (le récit patriotique doit être écrit collectivement et contribue à créer la communauté politique) et *historique* (il consiste en grande partie en une écriture du passé et son contenu évolue selon les époques), mais elle nous permet aussi de le définir comme un fait *linguistique* (la langue dans laquelle est construit le récit contribue à constituer le sentiment patriotique), et *pédagogique* (car comment transmettre le patriotisme ? Et qu'en transmettre ? – ce qui est une autre façon de formuler la question du bien-fondé de l'éducation au patriotisme, et de sa nature).

La langue et le patriotisme

Dire que le patriotisme est un « fait linguistique » signifie donc, nous l'avons dit, qu'il nécessite un discours patriotique qui constitue la patrie comme patrie.

Mais, en amont même de ce récit de soi patriotique, il faut aussi souligner l'importance de la langue particulière qui contribue à identifier la patrie comme patrie *particulière*. En effet, la langue fait partie des liens et des caractéristiques qui peuvent aisément rendre empiriquement accessible (audible) l'appartenance ou la non-appartenance à une communauté, en même temps qu'elle n'est jamais *la* langue mais toujours *une langue parmi d'autres*.

Peut-être est-il possible de se sentir appartenir à une certaine patrie sans en parler parfaitement la langue, de même que plusieurs langues peuvent être parlées à l'intérieur d'une même patrie, mais il reste que la langue est un signe ou un instrument de reconnaissance spécifique dans la mesure où c'est par la langue qu'on est ordinairement *d'abord* reconnu comme étant de telle ou telle patrie. Cette primauté explique cependant en partie seulement le fait que la langue jouisse d'un statut privilégié dans l'ordre des liens prépolitiques sur lesquels la patrie prétend parfois se fonder ainsi que dans celui des objets d'attachement du patriote. Ce privilège s'explique avant tout par le fait que la langue n'est pas qu'un instrument neutre de communication mais aussi un outil par lequel nous pensons et qui contribue donc à construire l'identité de l'individu qui parle de manière plus essentielle qu'une simple habitude vestimentaire ou alimentaire.

C'est probablement cette dimension quasi identitaire de la langue (en particulier de la langue maternelle) qui fait qu'elle n'est pas qu'un *signe* de reconnaissance au milieu d'autres signes de reconnaissance qui pourraient lui être équivalents, mais qu'elle est aussi un *lieu* de reconnaissance en elle-même – c'est-à-dire l'endroit où l'on est véritablement « chez soi ». En ce sens la langue est, comme l'explique par exemple Hannah Arendt[1], la patrie elle-même (plus que n'importe quel sol ou n'importe quel principe ou projet politique). À bien des égards en effet, elle désigne l'endroit qu'on ne peut jamais réellement quitter, celui dont on ne peut être chassé, et celui auquel on est bien souvent attaché en dernier ressort. La langue, donc, cet « endroit » non-géographique où l'on peut dire qu'on est véritablement chez soi, est un endroit à la fois nécessaire (tout homme a une langue maternelle) et particulier (la langue maternelle n'est qu'une langue au milieu des autres langues). En tant qu'il est un fait linguistique, le patriotisme se fonde sur ces deux caractéristiques, et, à ce titre, la pluralité des langues vaut d'être comprise comme un signe de la compatibilité d'un attachement particulariste avec la reconnaissance de l'autre comme autre jouissant du même droit que moi-même à sa particularité – compatibilité qui devient, sur le plan politique, compatibilité des patriotismes.

Transmettre le discours patriotique : l'éducation au patriotisme

Une communauté politique suppose des liens entre les individus qui la composent et une conscience de ces liens, c'est-à-dire une conscience d'appartenir à cette communauté. Cette conscience semble en effet être une condition nécessaire au bon fonctionnement du corps politique, ne serait-ce que parce qu'elle permet de supporter les efforts demandés à tous pour le bien commun.

1. Günter Gaus et Hannah Arendt (entretien), « Seule demeure la langue maternelle », trad. S. Courtine-Denamy, *Esprit*, n° 6, juin 1980, p. 19-38.

Au cœur du bon fonctionnement d'une communauté politique se trouvent ainsi les questions liées au système d'éducation en tant que système de construction et de reproduction de la communauté politique.

Quelle place pour le patriotisme au sein de cette visée éducative ? L'éducation à la conscience politique est-elle (et doit-elle être) à strictement parler une éducation au patriotisme ? Et peut-on faire l'économie d'une part de patriotisme dans un système éducatif ? On pourrait penser l'éducation au patriotisme comme étant simplement le versant psychologique de ce nécessaire apprentissage de la citoyenneté. Il faut bien en effet que la conscience d'appartenir à une communauté politique soit incarnée et qu'elle renvoie à la conscience d'appartenir à *telle* communauté. Mais le patriotisme n'est pas qu'une conscience de l'appartenance politique (avoir conscience qu'il est de tel pays et qu'il est pris dans des liens politiques complexes ne suffit évidemment pas à faire d'un individu un patriote), il désigne aussi et surtout la *fierté* d'appartenir, ou au moins le sentiment d'une appartenance qui a une valeur particulière et qu'il convient, le cas échéant, de protéger ou de défendre. Une éducation patriotique serait alors une éducation qui aurait en charge de transmettre aux futurs citoyens qu'elle forme le sens de cette appartenance, sa valeur et ce qu'elle implique en termes de devoirs ou de dévouement. Dans cette perspective, Montesquieu explique par exemple que dans un régime républicain (c'est-à-dire un gouvernement où le peuple est souverain), l'amour des lois et de la patrie est la condition nécessaire à l'existence et au maintien du corps politique. L'« amour » en question a donc un sens bien spécifique :

> C'est dans le gouvernement républicain que l'on a besoin de toute la puissance de l'éducation. (...) On peut définir cette vertu, l'amour des lois et de la patrie. Cet amour, demandant une préférence continuelle de l'intérêt public au sien propre, donne toutes les vertus particulières ; elles ne sont que cette préférence. Tout dépend donc d'établir dans la république cet amour ; et c'est à l'inspirer que l'éducation doit être attentive. [1]

L'éducation au patriotisme ne correspond pas à une glorification de tel lieu et de telle histoire particulière comme si ce lieu ou cette histoire avaient une valeur en eux-mêmes. On comprend ici que si le principe du régime républicain est la vertu [2], et si la vertu est la préférence de l'intérêt collectif à l'intérêt individuel, l'amour de la patrie ne désigne chez Montesquieu que cette préférence collective et non la préférence particulière ou l'attachement à un lieu particulier. Aimer la patrie signifie donc faire passer l'intérêt collectif avant son intérêt propre et non pas préférer tel lieu. Ainsi, l'éducation chargée d'inspirer l'amour de la patrie ne vise pas à construire et à reproduire une fierté particulariste, mais plutôt à faire aimer les lois qui, dans un État républicain, exigent un sacrifice du particulier au profit du général.

Pour autant, le particularisme n'est pas exclu dans l'éducation au patriotisme, et l'on peut même considérer que l'amour des lois passe nécessairement par une certaine forme de particularisme (comme nous l'avons dit plus haut à propos de patriotisme civil : il faut bien que ces lois que nous aimons viennent d'un endroit *particulier* et soient encouragées par des institutions *particulières*). Cet

---

1. Montesquieu, *L'esprit des lois*, Première partie, Livre IV, chapitre V.
2. Montesquieu, *L'esprit des lois*, Livre III, chapitre III.

aspect est caractéristique de la position de Rousseau qui, plus qu'aucun autre, essaye de souligner non seulement la nécessité des particularités nationales, mais aussi leur importance dans l'émergence de la citoyenneté. Il commence ainsi ses *Considérations sur le gouvernement de Pologne* en déplorant la perte du sens patriotique dans les États, perte qui aboutit selon lui à une uniformisation (et une perversion) des mœurs à l'échelle européenne. Son diagnostic est célèbre : « Il n'y a plus aujourd'hui de Français, d'Allemands, d'Espagnols, d'Anglais même, quoi qu'on en dise ; il n'y a que des Européens. Tous ont les mêmes goûts, les mêmes passions, les mêmes mœurs, parce qu'aucun n'a reçu de forme nationale par une institution particulière. »[1] Aucun motif de réjouissance dans ce constat dressé par Rousseau : la perte du sens patriotique fait qu'il n'y a littéralement plus de pays véritablement distincts les uns des autres. Or, s'il faut selon lui résister à ce puissant mouvement européen de dilution des particularismes nationaux ce n'est pas par goût du folklore, par nostalgie des spécificités locales ou par chauvinisme, la raison est éminemment politique : l'institution politique doit particulariser le peuple afin de pouvoir lui donner le sens de la volonté générale – en d'autres termes : la volonté générale suppose une constitution *particulière* auquel le peuple soit attaché[2].

> Donnez une autre pente aux passions des Polonais, vous donnerez à leurs âmes une physionomie nationale qui les distinguera des autres peuples, qui les empêchera de

1. Rousseau, « Considérations sur le gouvernement de Pologne » (1782), *Œuvres complètes*, t. III, « Bibliothèque de la Pléiade », Paris, Gallimard, 1964, chapitre III, p. 960.
2. Sur ce point précis, je me permets de renvoyer à mon ouvrage *Le nouvel âge de la citoyenneté mondiale*, Paris, P.U.F., 2014, p. 197-201.

se fondre, de se plaire, de s'allier avec eux (…). C'est sur ces âmes-là qu'une législation bien appropriée aura prise. Ils obéiront aux lois et ne les éluderont pas, parce qu'elles leur conviendront et qu'elles auront l'assentiment interne de leur volonté. Aimant la patrie, ils la serviront par zèle et de tout leur cœur. (…) Je voudrais que, par des honneurs, par des récompenses publiques, on donnât de l'éclat à toutes les vertus patriotiques, qu'on occupât sans cesse les citoyens de la patrie, qu'on en fît leur plus grande affaire, qu'on la tînt incessamment sous leurs yeux. [1]

L'argument central consiste ici à rappeler que la citoyenneté n'est pas un statut politique hors-sol et qu'une dose de patriotisme est nécessaire pour un exercice accompli de la citoyenneté. Ce patriotisme idéalisé correspond en fait pour Rousseau à une intériorisation des lois (qui, pour être intériorisées, doivent être adaptées à ceux dont elles attendent l'obéissance), une façon de faire en sorte que l'obéissance aux lois soit une obéissance sans contrainte externe. Mais comment faire advenir un tel état d'âme ? C'est bien entendu sur ce point précis qu'une éducation patriotique (Rousseau l'appelle éducation « nationale ») acquiert chez lui une importance capitale :

C'est l'éducation qui doit donner aux âmes la forme nationale, et diriger tellement leurs opinions et leurs goûts, qu'elles soient patriotes par inclination, par passion, par nécessité. Un enfant en ouvrant les yeux doit voir la patrie, et jusqu'à la mort ne doit plus voir qu'elle. Tout vrai républicain suça, avec le lait de sa

1. Rousseau, « Considérations sur le gouvernement de Pologne », *op. cit.*, chapitre III, p. 960-961.

mère, l'amour de sa patrie, c'est-à-dire des lois et de la liberté. [1]

Encore une fois, comme dans l'extrait précédent, il est ici question de l'« âme » du citoyen, dont la bonne formation est à la fois l'objet de l'éducation et la condition de la bonne marche de l'État républicain. Et qu'est-ce une âme « bien formée » ? C'est pour ainsi dire une âme « nationalisée », c'est-à-dire une âme dans laquelle le sentiment patriotique permettra le sentiment d'une distinction d'avec les autres peuples. De cela nous pouvons conclure que trois éléments sont ici essentiels : (1) l'éducation patriotique ne cesse jamais réellement durant les âges différents de la vie ; (2) elle a incontestablement une fonction politique « défensive » (elle permet une résistance psychologique aux tentatives de conquêtes extérieures – par exemple les Polonais se défendant contre les Russes) ; (3) elle est surtout une condition nécessaire d'accès à la citoyenneté (à la liberté et à l'égalité [2]).

Problèmes soulevés par l'éducation patriotique

Aussi nécessaire qu'elle puisse paraître pour la sauvegarde d'une communauté politique, une telle vision de l'éducation patriotique rencontre immédiatement un certain nombre de problèmes fondamentaux au regard

1. Rousseau, « Considérations sur le gouvernement de Pologne », *op cit.*, chapitre IV, p. 966.
2. Sur ce point précis, voir notamment Francis Cheneval, « Éducation nationale, éducation cosmopolitique : regards sur Rousseau et Kant », dans J.-M. Ferry, B. Libois (dir.), *Pour une éducation post-nationale*, Bruxelles, Éditions de l'université de Bruxelles, 2003, p. 55-65.

des idéaux démocratiques ou moraux contemporains. Chacun d'entre eux interroge la légitimité politique et morale de l'éducation patriotique (ou de la dimension patriotique des systèmes éducatifs).

a. Premièrement, comment concilier la nécessaire rationalité du citoyen éclairé (théoriquement capable de faire des choix politiques impartiaux et orientés seulement vers le bien commun) avec la partialité inhérente au patriote ? Une éducation patriotique n'implique-t-elle pas nécessairement l'apprentissage d'une partialité qui semble contraire à l'idéal d'impartialité des morales universalistes ? De fait, fonder nos jugements politiques sur nos loyautés particulières aboutirait à un résultat contraire aux principes sur lesquels se fondent nos communautés démocratiques.

> La délibération politique est sabotée encore et toujours par des loyautés partisanes. C'est seulement en rendant notre allégeance fondamentale à la communauté mondiale de Justice et de Raison que nous pouvons éviter ces dangers. [1]

Pourquoi la délibération politique serait-elle « sabotée » par des loyautés partisanes ? C'est que prendre comme référence notre appartenance nationale revient à placer au-dessus des exigences de morale les exigences patriotiques – ce qui revient à dire que ce qui est visé par ce biais n'est plus le bien ou le juste (même si c'est pourtant ce qui ouvertement dit), mais ce qui est bien ou juste *pour notre patrie*.

---

1. Martha Nussbaum, « Patriotisme et cosmopolitisme » (1994), trad. L. Lourme, *Cahiers Philosophiques* n° 128, 2012, p. 101.

b. Deuxièmement, il se pose une question de cohérence entre les principes et valeurs universalistes affichés et défendus dans les sociétés libérales contemporaines et cette éducation à la partialité. Le constat dressé est celui d'un décalage hypocrite entre les valeurs enseignées et celles sous-jacentes à cet enseignement[1]. Le patriotisme est-il réellement efficace pour servir les valeurs qu'il entend promouvoir ? Et, plus encore, ne peut-il pas être en contradiction avec elles ? Les normes morales qui ont émergé et se sont imposées à la plupart des États démocratiques sont en effet paradoxalement à la fois défendues officiellement par les États et contredites dans la pratique éducative ou politique de ces derniers. C'est par exemple le cas des droits de l'homme qui sont à la fois mis en avant dans les textes, et peuvent être contredits dans la manière de privilégier telle appartenance nationale ou telle autre.

c. Troisièmement, l'éducation au patriotisme ne conduit-elle pas nécessairement à la glorification de soi aux dépens des autres[2] ? Comment en effet penser le rapport aux autres peuples et nations lorsqu'est ainsi enseignée en priorité la valeur de ses propres particularismes ? Pour le dire autrement et pour reprendre le contexte historique du texte de Rousseau : à n'apprendre que l'histoire et les vertus de la Pologne, ne risque-t-on pas glisser vers une méconnaissance ou un mépris de la Russie par les

1. Voir par exemple Martha Nussbaum, « Patriotisme et cosmopolitisme », *op. cit.* ; ou Martha Nussbaum, *Les émotions démocratiques. Comment former le citoyen du XXIe siècle ?*, trad. S. Chavel, Paris, Climats, 2011.
2. Cette troisième question est notamment abordée dans l'article de Stephen Macedo, « Just Patriotism ? », *Philosophy and Social Criticism*, vol. 37, n° 4, 2011, p. 413-423.

Polonais (méconnaissance de plus en plus coupable à mesure que se développent les interconnexions entre les peuples) ?

    d. Enfin, quatrièmement, une éducation qui serait radicalement patriotique serait-elle réellement responsable ? Préparerait-elle efficacement au monde réel ceux qu'elle éduque ? Il semble bien y avoir en effet quelque chose comme un *besoin* de dépassement de l'optique strictement nationale et de projection au sein de l'histoire mondiale non seulement pour la compréhension de son propre pays, mais aussi pour répondre aux problèmes contemporains et pour faire face à nos responsabilités.

    C'est afin de répondre à ces différents problèmes qu'un certain nombre d'auteurs suggèrent que mettre le système éducatif en adéquation avec les valeurs promues au sein des États démocratiques modernes (comme l'égale dignité des personnes) suppose de favoriser un enseignement au cosmopolitisme plutôt qu'au patriotisme – ou à tout le moins un dépassement de l'optique strictement patriotique, comme nous le verrons plus bas.

    Mais, avant même de pousser plus avant l'analyse des différents problèmes posés par le patriotisme, il reste que la manière même d'interroger le fait de l'éducation au patriotisme dans la littérature spécialisée contemporaine (Faisons-nous bien d'enseigner le patriotisme ? Est-ce légitime ? Est-ce juste ?, etc. [1]) fait parfois perdre de vue

---

1. Voir par exemple : David Archard, « Should we teach patriotism ? », *Studies in Philosophy and Education*, vol. 18, 1999, p. 157–173 ; ou Harry Brighouse, « Should we teach patriotic history ? », *in* K. McDonough, W. Feinberg (eds.), *Citizenship and Education in Liberal-Democratic Societies : Teaching for Cosmopolitan Values and Collective Identities*, Oxford, Oxford University Press, 2002, p. 157-177.

une question tout aussi essentielle sur les plans politique et moral, et qui consiste simplement à se demander si une éducation pourrait, *a contrario*, n'être pas patriotique *du tout*. Un système éducatif pourrait-il ne rien apprendre de l'histoire du pays où il se déploie, et donc ne pas tenir compte de son lieu d'énonciation ? Pourrait-il être neutre en termes d'attachement ? Et que vaudrait une telle éducation hors-sol, si elle était effectivement imaginable ? Qu'y gagnerait-on et qu'y perdrait-on ? Cette observation a uniquement pour but d'établir que, aussi centraux que soient les problèmes posés par la dimension patriotique des processus d'éducation, une part de patriotisme semble nécessaire dans la pratique réelle des systèmes éducatifs. Certes, tous les systèmes éducatifs ne font pas l'apologie aveugle du pays au sein duquel ils sont établis, mais le lieu même paraît devoir nécessairement jouer un rôle dans ce qui est enseigné – et donc contribuer à créer un attachement particulier chez celui qui est éduqué. Or, cela implique que les problèmes soulevés plus haut sont des problèmes concernant la mesure de cette « part de patriotisme », mais non sa nécessité. De fait d'ailleurs, l'attachement à la cité particulière n'est pas incompatible avec le cosmopolitisme. Plus encore : ces attachements locaux sont très importants pour la construction critique des identités. Or, si l'on accorde le principe de la nécessité d'une éducation nationale (au sens d'une éducation ayant un rôle à jouer dans la constitution de l'identité de la nation), alors nous devons accorder que la seule variable est le contenu de ce qui est dit non seulement sur soi (particularismes, histoire, etc.) mais aussi sur l'autre (notamment son étrangeté et la valeur de son histoire propre). Et c'est sur ce point que se fonde ce qui peut se présenter comme un devoir d'éducation cosmopolitique.

c'est-à-dire celles nous enjoignant d'agir en nous référant à des principes valables en tous lieux et (au moins) pour tous les êtres rationnels. Ces exigences supposent que nous pensions la moralité de nos actions et de nos délibérations en faisant abstraction des situations particulières qui nous déterminent. Par exemple, savoir si je dois mentir ou dire la vérité à quelqu'un ne dépend pas de l'individu particulier à qui je m'adresse (de son sexe, son âge, sa nationalité, etc.), mais de son humanité et de la nature du mensonge. De même, décider s'il est juste ou non de venir en aide à un individu, de le punir, décider si tel ou tel choix est légitime, ou si telle ou telle action est bonne, sont autant de problèmes qui, s'ils sont posés sur le plan moral, ne font habituellement pas appel à la nationalité des personnes concernées. On traite des questions morales en faisant au contraire abstraction des déterminations particulières qui nous définissent – telles que l'appartenance politique. Le patriotisme implique, lui, que l'attachement à la communauté politique se traduise par des préférences accordées aux compatriotes. Ces préférences (droits sociaux et politiques, privilèges économiques) ne sont pas en elles-mêmes d'ordre moral, mais cela ne signifie pas qu'elles ne posent pas de problèmes sur le plan moral. De fait, cette question de la compatibilité de la perspective patriotique avec le souci moral est l'objet de vives controverses dans la littérature contemporaine qui se partage entre défenseurs et critiques de ces « préférences » ou de cette « partialité ». Nous aurons l'occasion d'y revenir plus en détail dans la partie *Commentaire* de cet ouvrage lors de la lecture du texte de David Miller, mais il faut présenter ici les principaux axes qui structurent ces controverses.

Critiques du compatriotisme moral

Je propose d'appeler la position théorique qui consiste à justifier et à défendre sur le plan moral les préférences accordées aux compatriotes le « compatriotisme moral ». Ce travail de justification est mené en réponse aux critiques concernant la légitimité des liens privilégiés impliqués par la pratique de la citoyenneté commune, et les droits qui y sont associés. Ces critiques sont principalement de quatre ordres : premièrement celles qui portent explicitement sur les préférences politiques accordées aux compatriotes par l'État, deuxièmement celles qui portent sur le statut moral de l'attachement qu'un individu peut porter à sa patrie, troisièmement celles qui concernent les conséquences de cet attachement (à la fois pour les individus et pour les communautés politiques), quatrièmement celles qui concernent les conflits possibles entre les communautés politiques (conflits pour les biens ou pour les croyances). Dans ces quatre ordres de critiques, c'est toujours la légitimité du patriotisme qui est interrogée : 1. Est-il juste que l'État favorise ceux qui ont telle nationalité ? 2. L'attachement qu'un individu porte à sa patrie est-il justifié ? 3. Est-ce que cet amour de la patrie n'a pas des conséquences immorales ? 4. Peut-on penser des relations internationales morales tout en maintenant le principe du patriotisme ? Ces questions ne sont pas seulement autant de façons de se demander ce que vaut sur le plan moral cet attachement si particulier qu'est le patriotisme, elles suggèrent habituellement que ce type d'attachement pose effectivement un certain nombre de problèmes moraux.

Comme nous l'avons évoqué plus haut, au cœur de ces critiques concernant le statut moral du patriotisme se trouve la notion de « préférence ». Les préférences impliquées par le patriotisme sont-elles justes ? Et pourquoi ? Les préférences signifient que l'on ne traite pas également tous les individus, ce qu'il faut justifier sur le plan moral, *a fortiori* lorsque ces préférences sont conséquentes et qu'elles prennent la nationalité comme support. Car si on accorde aisément qu'un traitement différencié des personnes peut être juste, on voit beaucoup moins immédiatement ce qui, dans le concept de nationalité ou dans celui de compatriotisme, justifierait les traitements inégaux qu'ils fondent – si ce n'est une justification négative du type : il est en pratique impossible de traiter tout le monde (compatriotes et étrangers) de manière égale. C'est en tout cas à partir de cette notion de « préférence » que certaines critiques se construisent, reprochant au patriotisme d'obéir fondamentalement aux mêmes ressorts que d'autres modalités de l'attachement politique plus immédiatement problématiques comme le chauvinisme ou le racisme[1]. Face à ces « préférences », donc, deux attitudes sont possibles : soit on considère que l'appartenance à une communauté politique est pertinente pour fonder un traitement différencié des personnes et l'on considère qu'il n'y a pas contradiction entre la

---

1. Sur ce point, voir par exemple l'article du philosophe américain Paul Gomberg « Patriotism is like Racism », *in* I. Primoratz (dir.), *Patriotism, op. cit*, p. 105-112. Cet article, initialement paru en 1990 dans la revue *Ethics*, répond à un article de Stephen Nathanson « In defense of "moderate patriotism" » (lui aussi paru dans la revue *Ethics*, en 1989). Stephen Nathanson lui répondra à son tour en 1992 dans son article « Is patriotism like racism ? ».

partialité patriotique et la morale (attitude qui relève donc de ce que je propose d'appeler le compatriotisme moral) ; soit on considère que, sur le plan moral, il faut s'abstraire des déterminations particulières et que le fait d'être *partisan* fausse la réflexion morale.

L'autre concept clef de ces débats et de ce partage entre deux attitudes possibles à l'égard des préférences patriotiques, est la notion de « loyauté » [1]. Le patriotisme est en effet essentiellement une loyauté éprouvée à l'égard d'une patrie et *par les nationaux* seulement, loyauté qui implique un certain type de comportement. C'est donc sur cette loyauté réservée à quelques-uns selon leur nationalité que repose la justification des « préférences ». Les critiques du compatriotisme moral interrogent en effet d'une part le fondement de nos loyautés (toutes les formes de loyautés politiques sont-elles légitimes ?) et d'autre part ce qu'elles servent à fonder dans notre pratique de la morale et de la politique. La loyauté semble bien pouvoir poser problème à ces deux niveaux, car, faisant dépendre les choix et les délibérations de l'attachement à la communauté politique et non du jugement propre, elle peut impliquer des comportements immoraux – lorsqu'il faut choisir entre l'objet de l'attachement et la morale, où va la loyauté ?

Les deux concepts de préférence et de loyauté servent donc à définir le patriotisme tout en permettant de mettre au jour la question de sa légitimité morale – interrogation que, par exemple, la fameuse phrase de Machiavel dans sa lettre à Vettori du 16 avril 1527 (« J'aime mieux ma patrie que mon âme »), toute rhétorique qu'elle soit, ne manque

---

1. Sur ce point, voir l'article essentiel d'Andrew Oldenquist, « Loyalties », *Journal of Philosophy*, 1982 n°4, p. 173-193.

pas de poser. Et dans ces différents axes critiques, nous voyons que c'est toujours la compatibilité du patriotisme (et de ce qu'il implique) avec les exigences d'une morale impersonnelle qui se trouve être le point central des problèmes abordés. Une défense du patriotisme suppose donc que soient analysées les conditions d'une telle compatibilité.

Les justifications du patriotisme (1) :
la voie du patriotisme critique

Dans le souci de rendre le patriotisme « moralement compatible », la plupart des philosophes partisans du compatriotisme moral empruntent une voie que l'on pourrait dire critique. Considérant que le coût moral d'un patriotisme strict est trop élevé, cette voie critique consiste à prendre acte de la tension possible que nous avons évoquée plus haut entre les exigences liées au principe d'une morale universelle et celles liées à la loyauté exigée du patriotisme, et à subordonner la loyauté politique à la morale. Qu'il soit par exemple dit « modéré »[1], « juste »[2], « critique », « raisonnable »[3], ou « moralement satisfaisant »[4], le patriotisme est alors un attachement à la patrie *jusqu'à un certain point seulement*, c'est-à-dire que, dans tous ces cas-là, le patriotisme prend

1. Stephen Nathanson, « In Defense of "Moderate" Patriotism », *Ethics*, vol. 99, n° 3, April 1989, p. 535-552.

2. Stephen Macedo, « Just Patriotism ? », *Philosophy and Social Criticism*, vol. 37, n° 4, 2011, p. 413-423.

3. David Miller, « Reasonable partiality towards compatriots », *op. cit.*

4. Je choisis de traduire ainsi la formule « morally apt » de l'article de Eamonn Callan, « Love, Idolatry, and Patriotism », *Social theory and pratice*, 2006, 32-4, p. 525-546.

la forme d'un attachement *conditionné*. On dira alors que l'attachement à la communauté politique est légitime, mais que, en cas de conflits entre la loyauté patriotique et l'exigence morale, on privilégiera l'exigence morale. Ainsi, dans le cas où la patrie exige un comportement immoral (violence, spoliation, persécution), ce comportement n'est pas légitimé par le simple fait que c'est la patrie qui l'exige car elle ne représente plus un fondement suffisant pour tout justifier – ce qu'elle est dans le cas du patriotisme strict.

Incontestablement, cette conception critique du patriotisme a le mérite de sauver et la patrie et le patriotisme. D'une part, le patriotisme se trouve sauvé de l'accusation d'immoralisme et distingué des modalités de l'attachement politique qui, elles, y succombent (notamment le chauvinisme ou le nationalisme où l'attachement prime la morale). D'autre part, la notion de patrie est sauvée de son acception exclusivement prépolitique (géographique ou culturellement homogène) dans la mesure où elle est pour ainsi dire bornée par les normes morales.

Mais cette voie critique pose en elle-même un problème. Dans ce cadre-là, on aime en effet sa patrie non pas envers et contre tout, mais plutôt : tant qu'elle peut être aimée sans que cela ne pose de problèmes moraux. Or, si cela peut permettre de répondre à certaines critiques évoquées plus haut, à quoi est-on loyal dans ce cas ? Est-ce encore du patriotisme si l'attachement à la patrie est ainsi conditionné ? Le philosophe écossais MacIntyre présente on ne peut plus clairement cette objection dans son célèbre article « Le patriotisme est-il une vertu ? » :

> Un patriotisme pareillement limité dans sa portée apparaît comme un patriotisme émasculé qui révèle sa

faiblesse lorsque, forcé par certaines des plus importantes situations de la vie sociale réelle, il entre en conflit
avec le point de vue d'une moralité impersonnelle
authentique ou bien se condamne, dans les faits, à
n'être plus qu'un jeu de slogans vides. [1]

Dire, comme le fait MacIntyre, que cette voie critique
est celle d'un patriotisme « émasculé » signifie qu'un tel
patriotisme n'a finalement de patriotisme que le nom.
Que reste-t-il du patriotisme en effet lorsque, dans une
situation où un choix s'impose entre la morale et la patrie,
c'est la morale qui est choisie ? Le patriotisme est-il donc
condamné à être soit immoral, soit inopérant ? Le fait est
que, même si la question du statut moral du patriotisme
ne se pose pas qu'en termes d'efficacité pratique, cette
question résume un problème central. MacIntyre propose
toutefois d'essayer d'y répondre en développant une
argumentation que je choisis de résumer en trois points :

a. Premièrement, il est possible d'établir un minimum
qui échappe à la critique. C'est-à-dire que le patriote
ne renonce pas entièrement à son amour pour la patrie,
mais préserve une part de son attachement de manière
inconditionnée. Cela, c'est ce que MacIntyre propose
d'appeler « la nation conçue comme projet » [2]. Tout le reste
(loyauté vis-à-vis des gouvernements, des personnes, des
structures politiques, etc.) peut être remis en cause selon
les circonstances, mais la thèse de MacIntyre est qu'il y a
quelque chose qui reste *toujours* objet d'attachement : le
projet national. C'est d'ailleurs cette vision du patriotisme

1. Alasdair MacIntyre, « Le patriotisme est-il une vertu ? »
(1984), dans A. Berten, P. Da Silveira, H. Pourtois, (dir.), *Libéraux et
communautariens*, Paris, P.U.F., 1997, p. 287-309.
2. Alsadair MacIntyre, « Le patriotisme est-il une vertu ? », *op. cit.*,
p. 301.

qui explique l'apparent paradoxe qui veut qu'on puisse trouver des exemples historiques nombreux de cas dans lesquels une désobéissance à tel gouvernement se fait au nom du patriotisme – c'est alors l'idée de la patrie qui est visée, contre le gouvernement effectif.

b. Deuxièmement, l'antipatriotisme représente lui aussi un péril : celui du délitement des relations interpersonnelles et de leur réduction à la stricte logique des intérêts personnels, liens trop faibles et qui mènent selon lui au développement des bureaucraties. Une fois l'amour de la patrie condamnée en effet, la communauté nationale ne tient que par l'intérêt de chacun de ses membres, ce qui, sur le plan moral, ne représente pas nécessairement un gain véritable. Mais cet argument se comprend mieux encore lorsqu'il est développé en regard de l'argument suivant.

c. Troisièmement, la moralité suppose un environnement proche, qui suppose (et, peut-être, mérite) qu'on y soit attaché. Il écrit ainsi : « si je ne comprends pas le récit de ma vie personnelle comme imbriquée dans l'histoire de mon pays, j'oblitérerai et perdrai une dimension essentielle de la vie morale »[1]. Contrairement à ce qu'affirme la morale libérale (morale impersonnelle), (1) le lieu et les conditions d'émergence de la moralité déterminent de façon décisive l'accession de l'individu à la moralité, y compris dans la représentation du bien et du juste, de même que (2) la communauté soutient la moralité individuelle. Or, selon MacIntyre, cette origine de la moralité compte pour beaucoup dans le statut moral du patriotisme – il s'appuie en tout cas sur cet argument

---

1. Alsadair MacIntyre, « Le patriotisme est-il une vertu ? », *op. cit.*, p. 305.

pour affirmer qu'il est *juste* d'aimer sa patrie au regard de ce qu'elle apporte à l'individu [1].

Les justifications du patriotisme (2) : l'argument de la famille

Enfin, en amont de cette réflexion sur la valeur morale du patriotisme critique, il convient d'analyser ce qui apparaît comme étant la justification la plus récurrente du fait même du patriotisme (qu'il emprunte ou non la voie « critique »), à savoir ce que nous pourrions appeler « l'argument de la famille ». Passage obligé des textes de philosophie morale qui traitent du patriotisme, cet argument consiste à dresser un parallèle entre l'amour filial et l'amour que le patriote porte à sa patrie, afin de justifier les préférences patriotiques sur le plan moral. Résumé à sa plus simple expression, il s'énonce ainsi : les préférences familiales impliquées par l'amour filial ne posent pas de problèmes moraux, pourquoi les préférences patriotiques en poseraient-elles ? Ce parallèle cherche à montrer que le principe de la préférence ou de partialité n'est pas problématique en soi (comme le montrent les préférences familiales), c'est donc aux critiques que revient la charge de la preuve – c'est à eux de montrer pourquoi les préférences patriotiques devraient être condamnées.

---

1. Nous lisons : « Ce n'est qu'au sein d'une communauté que les individus deviennent capables de moralité et sont soutenus dans leur moralité. (…) Une fois admis que l'aptitude morale et l'action morale ne peuvent naître et exister qu'au travers de liens sociaux institutionnels situés, propres à des groupes sociaux déterminés, il devient difficile de ne compter pour rien, comme le font les partisans du libéralisme moral, l'allégeance à une société et à une morale ». *Ibid.*, p. 297.

On considère effectivement habituellement que les préférences familiales ne posent pas de problèmes moraux : il est juste (et souhaitable) de prendre soin de ses enfants davantage que de ceux des autres. Et, de la même façon, il serait juste (et souhaitable), pour les partisans du compatriotisme moral, de privilégier ceux qui nous sont proches (nos compatriotes) par rapport à ceux qui nous sont éloignés. Andrew Oldenquist imagine par exemple le cas suivant :

> Une famille est en vacances à la plage ; tandis que le père se promène sur la jetée, il voit sa fille et son amie tomber de leur canoë, nager pendant une minute dans des directions différentes, et commencer l'une et l'autre à se noyer. Sûr qu'il ne pourra en sauver qu'une seule, il laisse sa fille se noyer et sauve l'autre fille. Interrogé sur les raisons de son geste, il dit soit (a) qu'il était très légèrement plus sûr d'être capable d'atteindre la connaissance de sa fille à temps, soit (b) que cette amie de sa fille était bien lancée pour devenir une brillante scientifique et qu'elle allait donc contribuer davantage au bonheur général que sa fille (…). Que penserions-nous d'un tel père ? Voudrions-nous lui serrer la main, ou raconter son histoire dans le journal local comme une leçon de morale ? [1]

Et il pousse le parallèle jusqu'à conclure : « Le mépris que nous ressentons envers les traîtres n'est pas sans rappeler ce que nous ressentons envers le père qui laisse sa fille se noyer » [2]. De la même manière, nous pourrions ajouter qu'il n'est pas injuste de ne pas traiter tous les individus de la même façon même si on

---

1. Andrew Oldenquist, « Loyalties » (1982), republié *in* I. Primoratz (dir.), *Patriotism, op. cit.*, p. 36 [je traduis].
2. *Ibid.*, p. 37.

leur reconnaît une égale dignité (un père ou une mère n'accorde pas le même amour à tous les enfants, mais en priorité à ses propres enfants sans que cela soit « injuste » ou « immoral »). Le compatriotisme moral proposerait alors une simple déclinaison de ce privilège accordé au prochain.

La référence à l'amour filial a beau être une référence classique dans les textes contemporains consacrés à la question, il n'est pas du tout certain qu'un tel parallèle soit légitime pour fonder le principe de préférence ou de partialité dans le cadre du patriotisme. Nous aurons l'occasion de développer cet angle critique dans notre analyse du texte de David Miller, mais il est d'ores et déjà possible de proposer au moins deux pistes destinées à remettre cette référence en cause.

Premièrement, le parallèle repose sur une correspondance entre le domaine privé et le domaine public, comme en témoigne l'étrange usage de la notion d'amour comme notion constitutive du patriotisme. Mais que vaut une telle correspondance ? Parler d'*amour* à propos de la patrie ne trahit-il pas une problématique confusion des genres ? Et si l'amour peut fonder un comportement spécifique dans le cadre privé de la vie de famille (préférence, privilège, etc.), sa pertinence dans le cadre d'un usage politique ne va pas de soi. Les motifs d'action et de choix peuvent-ils être les mêmes dans le cadre de la délibération politique et dans le cadre de la vie familiale ?[1]

1. Barbara Cassin cite cette phrase d'Hannah Arendt lorsqu'on l'accuse d'avoir manqué d'*amour* pour le peuple juif à l'occasion de son *Eichmann à Jérusalem* : « Vous avez tout à fait raison : je n'ai jamais "aimé" de toute ma vie quelque peuple ou quelque collectivité que ce soit – ni le peuple allemand, ni le peuple français, ni le peuple américain, ni la classe ouvrière, ni quoi que ce soit d'autre du même

Deuxièmement, l'usage de la notion de partialité doit être précisé. Si une forme de partialité pouvait être justifiée, cela ne signifierait pas que toutes formes de partialités seraient justes. En effet, il n'est pas possible de déduire du fait que l'on puisse avoir des obligations spécifiques vis-à-vis de ceux qui nous sont proches (devoirs d'assistance, de soin, d'éducation, etc.), que nous n'aurions pas de devoirs vis-à-vis des autres habitants de la planète *du tout*. C'est le sens de la distinction essentielle dans ce débat entre devoirs positifs (par exemple : il faut porter assistance aux plus pauvres), et devoirs négatifs (par exemple : il ne faut pas nuire aux autres). Si les premiers semblent pouvoir justifier une partialité à l'égard des proches qui est caractéristique du compatriotisme moral (car on ne *peut* pas aider tout le monde de la même façon), les seconds échappent en revanche à de telles limitations géographiques (car il n'est pas moins injuste de nuire aux lointains qu'aux prochains). Thomas Pogge, qui développe cette distinction, écrit en ce sens : « Les devoirs d'assistance sont plus forts à l'égard de ceux qui nous sont proches et chers et plus faibles à l'égard des étrangers vivant sur des terres lointaines. En revanche, le devoir de ne pas nuire ne connaît pas de telles variations. »[1] Si donc la partialité pouvait être justifiable, cela ne suffirait pas à établir que l'horizon de la patrie serait le seul horizon moral.

---

genre. Je n'aime effectivement que mes amis et je suis absolument incapable de tout autre amour » (H. Arendt, *Lettre à Scholem du 20 juillet 1963*, cité par Barbara Cassin, *La nostalgie, op. cit.*, p. 90).

1. Thomas Pogge, « "Porter assistance" aux pauvres du monde », trad. P. Savidan, dans *Raison publique*, n° 1, 2003.

LE PATRIOTISME AU-DELÀ DE L'ÉTAT

Dans la mesure où l'histoire nous enseigne que le concept de patrie n'est pas essentiellement attaché à une entité géographique de taille réduite ou à une entité politique précise – disons par exemple : un État –, la question se pose de savoir si, à l'heure où les relations entre États se modifient jusqu'à aboutir à des unions politiques et juridiques dotées de parlements, le patriotisme n'est pas lui-même modifié, et s'il pourrait se décliner au-delà de l'État moderne auquel nous nous sommes habitués à le voir attaché. En quels termes penser l'attachement au sein de ces nouveaux ensembles supranationaux – si un tel attachement est seulement possible ? Car ces entités existent bel et bien et il leur est souvent reproché d'être trop éloignées des peuples, et d'échouer à susciter, chez les citoyens, un véritable sentiment d'appartenance. L'exemple paradigmatique est bien entendu l'Union européenne, dont on perçoit quotidiennement l'existence politique, économique, juridique, institutionnelle, etc., mais qui ne s'appuie ni sur un « peuple » européen à proprement parler, ni sur un patriotisme européen dont nous pourrions aisément voir la trace.

Peut-on donc décliner le patriotisme au-delà des frontières nationales ? Cette question renvoie à celle, plus fondamentale, qui consiste à se demander quel est l'objet du patriotisme. Car, nous l'avons évoqué plus haut, si celui-ci est confondu avec un donné ethno-culturel, nul doute que le patriotisme ne pourra être pensé à une échelle supra-étatique. Au milieu de toutes les recherches contemporaines sur cette question, il ressort un concept central qui permet de penser ce changement d'échelle en même temps qu'il représente une redéfinition très importante du concept de patriotisme : le patriotisme constitutionnel.

Le patriotisme constitutionnel de Jürgen Habermas

L'idée du patriotisme constitutionnel consiste à repenser, à l'origine à partir de la question de l'identité allemande[1], les conditions de l'appartenance politique en en modifiant le fondement. Pour Habermas, les États contemporains sont soumis à une tension entre les principes et les valeurs universalistes qui constituent l'idéal démocratique d'une part, et les héritages propres à chaque société nationale d'autre part (ce qu'il appelle des « béquilles prépolitiques »[2]). Où que l'on fasse remonter cette tension, la référence identitaire dans une communauté démocratique (nationale ou non) devrait être, selon lui, prioritairement constitutionnelle. Dans sa définition de la citoyenneté, il privilégie ainsi l'adhésion volontaire à un ensemble de principes, plutôt qu'une réalité historique et culturelle.

> Une identité nationale qui ne s'appuie pas en premier lieu sur une compréhension de soi républicaine, procédant d'un patriotisme constitutionnel, est en opposition avec les règles universalistes requises pour que des formes de vie coexistant à égalité de droits puissent cohabiter en bonne intelligence.[3]

1. Voir notamment Jürgen Habermas, « L'identité des allemands, une fois encore », trad. R. Rochlitz, Chr. Bouchindhomme dans *Écrits Politiques*, Paris, Flammarion, 1999, p. 319-344.
2. *Ibid.*, p. 336.
3. *Ibid.*

Cette tension entre le patriotisme classique (attachement à la communauté dont on partage l'histoire, la culture et le territoire) et le patriotisme constitutionnel (attachement à une communauté dont on partage les principes rationnels), se comprend aisément dans le cas du changement d'échelle de la communauté politique : les communautés supranationales (la communauté européenne par exemple) n'offrent pas le même degré de cohérence que les communautés nationales. Le non-partage d'une identité collective préalable oblige alors à mobiliser d'autres ressorts pour fonder l'adhésion [1].

> Tandis que la conscience nationale se cristallise autour de l'État, incarné par un peuple qui se considère comme un acteur capable d'action collective, la solidarité entre les citoyens naît quant à elle de l'appartenance à une communauté politique démocratique et constitutionnelle formée par des sociétaires libres et égaux. [2]

C'est donc la reconnaissance de principes démocratiques généraux (reconnaissance accompagnée de la *pratique politique* fondée sur de tels principes partagés) qui permet la création de la communauté et surtout le développement de la solidarité civique au sein de cette communauté – qui pouvait ne pas exister comme

1. Un accord est-il cependant possible à propos de ces principes généraux ? Jürgen Habermas pose cette question en ces termes : « Reste à savoir si la Charte des Nations-Unies, sur le texte de laquelle le nombre relativement réduit des membres fondateurs de l'ONU s'était entendu en 1946, est susceptible, dans le monde multiculturel d'aujourd'hui, de donner lieu à une interprétation et à une application suffisamment convergentes » (Jürgen Habermas, *Après l'État-nation. Une nouvelle constellation politique*, trad. R. Rochlitz, Paris, Fayard, 2003, p. 117-118).

2. Jürgen Habermas, *Sur l'Europe*, Paris, Bayard, 2006, p. 37.

communauté prépolitique[1]. On voit bien sûr alors que rien n'implique, dans le concept de solidarité, qu'elle soit bornée aux frontières de la nation. Sûrement l'attachement au droit est-il très ancien et très caractéristique de la manière dont les communautés politiques européennes se conçoivent et conçoivent un biais efficace d'échapper à la violence[2], mais il s'agit ici de quelque chose de plus qu'un simple attachement au droit : il s'agit de l'attachement à des *principes universels*. Or, c'est précisément le fait même de cette nouvelle forme d'attachement qui aboutit à un « découplage progressif de la Constitution et de l'État »[3], qui permet un nouveau rapport critique du citoyen à son État, et qui rend possible de penser un projet de constitution post-nationale. Cela signifie, entre autres choses, que les États-nations ne jouissent plus d'un attachement privilégié du seul fait des « contextes propres à l'histoire nationale de chaque État »[4].

Débats autour du patriotisme constitutionnel

Le concept de patriotisme constitutionnel a été largement débattu dans le champ des études politiques contemporaines. Pour essayer de rendre justice à ce

1. Sur ce point, voir l'explication et la discussion que Justine Lacroix fait du concept de « patriotisme constitutionnel », dans *L'Europe en procès*, p. 29-32 (voir Justine Lacroix, *L'Europe en procès. Quel patriotisme au-delà des nationalismes ?*, Paris, Cerf, 2004).

2. Voir par exemple sur ce point Anthony Pagden qui fait remonter cet attachement au droit à Rome et qui le considère comme trait distinctif contribuant à « conceptualiser » le continent européen. Anthony Pagden, « Europe : Conceptualizing a Continent », in *The Idea of Europe : From Antiquity to the European Union*, Cambridge, Cambridge University Press, 2002, p. 42 *sq*.

3. Jürgen Habermas, *Sur l'Europe*, op. cit., p. 38.

4. *Ibid.*

débat dans les quelques lignes que nous lui consacrons, il convient de rendre compte au moins de deux remarques.

1) La première critique consiste à reprocher à Habermas d'opérer une sorte de retour au patriotisme conventionnel dans la mesure où, finalement, il réaffirme l'importance d'une identité commune pour les institutions démocratiques. La modification du fondement de cette identité commune ne change-t-elle donc rien à l'essentiel du patriotisme? À cette première remarque, on peut répondre d'une part que l'identité commune fonde moins les institutions démocratiques qu'elle n'en résulte; et d'autre part que le rapport à l'identité de la communauté politique change, dans le cadre du patriotisme constitutionnel (par rapport au patriotisme conventionnel), de fondement.

2) Mais la principale critique du patriotisme constitutionnel porte sur son caractère trop abstrait. En effet, l'attachement à des principes universels peut-il suffire à tenir ensemble une communauté et à fonder un certain niveau d'exigences concrètes de solidarité? L'attachement à la Constitution fait-il le poids devant les contributions contraignantes que la communauté formule en son nom? De fait, Habermas lui-même est bien obligé d'admettre que le processus constitutionnel n'a pas « l'effet catalyseur escompté »[1]. Dans cette perspective, Jean-Marc Ferry montre que le patriotisme constitutionnel ne doit pas être vu seulement comme un concept purement « abstrait » ou « désincarné »[2].

1. *Ibid.*, p. 27.
2. Jean-Marc Ferry, « Face à la question européenne, quelle intégration postnationale? », *Critique internationale*, 2004/2 n° 23, p. 91.

Ce que l'on aime, ce ne sont pas des prédicats universels, mais leur vie réelle, rendue possible par l'élément substantif. Or l'Europe est à cet égard un porteur crédible, capable de représenter et d'actualiser les valeurs qui sous-tendent un patriotisme constitutionnel. Cela ne requiert pas que son unité politique doive s'ancrer dans un milieu culturel, social, historique homogène, qui lui fait précisément défaut. Cependant, le motif d'attachement spécifique à l'Europe, que fournirait l'idée d'une patrie des droits fondamentaux des individus, mais également des peuples, présuppose, il est vrai, que l'on regarde l'Europe du point de vue d'une certaine unité historique et culturelle, qui ferait d'elle une communauté morale possible. (…) Le patriotisme constitutionnel, à distance d'un universel abstrait, se relie à une conscience éthico-historique des individus et des peuples capables de se reporter, de façon autocritique, à leur passé propre. (…) Chaque histoire nationale commencerait d'entrer en dialogue avec les autres pour constituer une histoire commune. [1]

Outre que l'attachement à la communauté post-nationale suppose assurément une temporalité propre [2], Jean-Marc Ferry souligne ainsi le statut particulier de l'Europe qui montre deux choses essentielles : d'abord le patriotisme constitutionnel s'incarne toujours dans une conscience historique particulière (il n'est pas « anhistorique », ou pur de toute incarnation ethnico-culturelle) ; mais surtout, au regard de ce rapport aux

---

1. Jean-Marc Ferry, « Face à la question européenne, quelle intégration postnationale ? », art. cit., p. 92.
2. Cette temporalité pourra permettre peut-être aux institutions nationales et européennes d'enraciner l'attachement à la communauté post-nationale, de même qu'elle pourra voir l'émergence d'un espace public européen – acteur nécessaire de cet enracinement.

valeurs du patriotisme constitutionnel, l'Europe présente
« une certaine unité historique et culturelle » – au sens où,
dans une certaine mesure, cet attachement aux valeurs et
principes fait, précisément, l'Europe.

TEXTES ET COMMENTAIRES

PLATON

Pourquoi respecter les lois ? (Extrait du Criton [1]*)*

SOCRATE — Au moment de nous enfuir, ou comme il te plaira d'appeler notre sortie, si les Lois et la République elle-même venaient se présenter devant nous et nous disaient : « Socrate, que vas-tu faire ? L'action que tu prépares ne tend-elle pas à renverser, autant qu'il est en toi, et nous et l'État tout entier ? Car quel État peut subsister, où les jugements rendus n'ont aucune force, et sont foulés aux pieds, par les particuliers ? », que pourrions-nous répondre, Criton, à ce reproche à beaucoup d'autres semblables qu'on pourrait nous faire ? Car que n'aurait-on pas à dire, et surtout un orateur, sur cette infraction à la loi, qui ordonne que les jugements rendus seront exécutés ? Répondrons-nous que la République nous a fait injustice, et qu'elle n'a pas bien jugé ? Est-ce là ce que nous répondrons ?

CRITON — Oui, sans doute, Socrate, nous le dirons.

SOCRATE — Et les Lois que diront-elles ? « Socrate, est-ce de cela que nous sommes convenus ensemble, ou de te soumettre aux jugements rendus par la

---

1. Traduction de Victor Cousin légèrement modifiée.

république?» Et si nous paraissions surpris de ce langage, elles nous diraient peut-être : « Ne t'étonne pas, Socrate ; mais réponds-nous puisque tu as coutume de procéder par questions et par réponses. Dis ; quel sujet de plaintes as-tu donc contre nous et la République, pour entreprendre de nous détruire ? N'est-ce pas nous à qui d'abord tu dois la vie ? N'est-ce pas sous nos auspices que ton père prit pour compagne celle qui t'a donné le jour ? Parle ; sont-ce les lois relatives aux mariages qui te paraissent mauvaises ? – Non pas, dirais-je. – Ou celles qui président à l'éducation, et suivant lesquelles tu as été élevé toi-même ? Ont-elles mal fait de prescrire à ton père de t'instruire dans les exercices de l'esprit et dans ceux du corps ? – Elles ont très bien fait. – Eh bien ! Si tu nous dois la naissance et l'éducation, peux-tu nier que tu sois notre enfant et notre serviteur, toi et ceux dont tu descends ? Et s'il en est ainsi, crois-tu avoir des droits égaux aux nôtres, et qu'il te soit permis de nous rendre tout ce que nous pourrions te faire souffrir ? Eh quoi ! À l'égard d'un père où d'un maître si tu en avais un, tu n'aurais pas le droit de lui faire ce qu'il te ferait, de lui tenir des discours offensants s'il t'injuriait, de le frapper s'il te frappait, ni rien de semblable ; et tu aurais ce droit envers les lois et la patrie ! Et si nous avions prononcé ta mort, croyant qu'elle est juste, tu entreprendrais de nous détruire ? Et, en agissant ainsi, tu croiras bien faire, toi qui as réellement consacré ta vie à l'étude de la vertu ? Ou ta sagesse va-t-elle jusqu'à ne pas savoir que la patrie a plus droit à nos respects et à nos hommages, qu'elle est et plus auguste et plus sainte devant les dieux et les hommes sages, qu'un père, qu'une mère et tous les aïeux ; qu'il faut respecter la patrie dans sa colère, avoir pour elle plus de soumission et d'égards que pour un père, la ramener par la persuasion ou obéir à ses ordres, souffrir, sans murmurer, tout ce qu'elle commande de souffrir ! Fût-ce d'être battu, ou chargé de chaînes ; que, si elle nous envoie à la guerre pour y être blessés ou tués, il faut y aller ; que le devoir est là ; et qu'il n'est permis ni de reculer, ni de lâcher pied, ni de quitter son poste ; que, sur le champ de bataille, et devant le tribunal et partout, il faut faire ce que veut la république, ou employer auprès d'elle les moyens de persuasion que la loi accorde ; qu'enfin si c'est une impiété de faire violence à un père et à une mère c'en est une bien plus grande de faire violence à la patrie ? » Que répondrons-nous à cela, Criton ? Reconnaîtrons-nous que les Lois disent la vérité ?

CRITON — Oui, à mon avis.

SOCRATE — Conviens donc, Socrate, continueraient-elles peut-être, que si nous disons la vérité, ce que tu entreprends contre nous est injuste ; que nous t'avons fait naître, nous t'avons nourri et élevé ; nous t'avons fait, comme aux autres citoyens, tout le bien dont nous avons été capables ; et cependant, après tout cela, nous ne laissons pas de publier que tout Athénien, après nous avoir bien examinées et reconnu comment on est dans cette cité, peut, s'il n'est pas content, se retirer où il lui plaît, avec tout son bien. Et si quelqu'un ne pouvant s'accoutumer à nos manières veut aller habiter ailleurs, ou dans une de nos colonies, ou même dans un pays étranger, il n'y a pas une de nous qui s'y oppose ; il peut aller s'établir où bon lui semble et emporter avec lui sa fortune. Mais si quelqu'un demeure, après avoir vu comment nous administrions la justice ; et comment nous gouvernons en général, nous disons alors qu'il s'est de fait engagé à nous obéir. S'il y manque, nous soutenons qu'il est injuste de trois manières : il nous désobéit, à nous qui lui avons donné la vie ; il nous désobéit, à nous qui sommes en quelque sorte ses nourrices ; enfin, il trahit la foi donnée, et se soustrait violemment à notre autorité, au lieu de la désarmer par la persuasion ; et quand nous nous bornons à proposer, au lieu de commander tyranniquement, quand nous allons jusqu'à laisser le choix ou d'obéir ou de nous convaincre d'injustice, lui, il ne fait ni l'un ni l'autre. Voilà, Socrate, les accusations auxquelles tu t'exposes, si tu accomplis le projet que tu médites et encore seras-tu plus coupable que tout autre citoyen. » Et si je leur demandais pour quelles raisons, peut-être me fermeraient-elles la bouche, en me rappelant que je me suis soumis plus que tout autre à ces conditions que je veux rompre aujourd'hui, elles me diraient : « nous avons de grandes marques que nous et la République nous te plaisions, car tu ne serais pas resté dans cette ville plus que tous les autres Athéniens si elle ne t'avait été plus agréable qu'à eux tous. Jamais aucune des solennités de la Grèce n'a pu te faire quitter Athènes, si ce n'est une seule fois où tu es allé à l'Isthme de Corinthe ; tu n'es sorti d'ici que pour aller à la guerre ; tu n'as jamais entrepris aucun voyage, comme c'est la coutume de tous les hommes ; tu n'as jamais eu la curiosité de voir une autre ville, de connaître d'autres lois ; mais nous t'avons toujours suffi, nous et notre gouvernement. Telle été ta prédilection pour nous, tu consentirais si bien à vivre selon nos maximes, que même tu as eu des enfants dans cette ville, témoignage assuré qu'elle te plaisait. Enfin, pendant ton procès il ne tenait qu'à toi de te condamner à l'exil et de faire alors, de notre aveu, ce que tu entreprends aujourd'hui malgré nous. Mais tu affectais de voir la mort avec indifférence, tu disais la préférer à l'exil ; et maintenant, sans égard pour ces belles paroles, sans respect pour nous, pour ces Lois dont tu médites la ruine, tu vas faire ce que ferait le plus vil esclave, en tâchant de t'enfuir au mépris des conventions et de l'engagement sacré qui te soumet à notre empire.

Réponds donc d'abord sur ce point : disons-nous la vérité, lorsque nous soutenons que tu t'es engagé (non en paroles mais en fait), à reconnaître nos décisions ? Cela est-il vrai, ou non ? » Que répondre, Criton, et comment faire pour ne pas en convenir ?

CRITON — Il le faut bien, Socrate.

SOCRATE — « Et que fais-tu donc, continueraient-elles, que de violer le traité qui te lie à nous, et de fouler aux pieds tes engagements ? Et pourtant tu ne les as contractés ni par force, ni par surprise, ni sans avoir eu le temps d'y penser ; mais voilà bien soixante-dix années pendant lesquels il t'était permis de te retirer, si tu n'étais pas satisfait de nous, et si les conditions du traité ne te paraissaient pas justes. Tu n'as préféré ni Lacédémone, ni la Crète, dont tu vantes le gouvernement, ni aucune autre ville grecque ou étrangère ; tu es même beaucoup moins sorti d'Athènes que les boiteux, les aveugles, et les autres estropiés ; tant il est vrai que tu as plus aimé que tout autre Athénien et cette ville et nous aussi apparemment, car qui pourrait aimer une ville sans lois ? Et aujourd'hui, tu serais infidèle à tes engagements ? Non, si du moins tu nous en crois, et tu ne t'exposeras pas à la dérision en abandonnant ta patrie ; car vois un peu s'il te plaît quel

bien il t'en reviendra à toi et à tes amis si tu violes tes
engagements et commets une faute pareille? Pour tes
amis, il est à peu près évident qu'ils seront exposés au
danger, ou au bannissement et à la privation du droit de
cité, ou à la perte de leur fortune; et pour toi, si tu te
retires dans quelque ville voisine, à Thèbes ou à Mégare
comme elles sont bien policées, tu y seras comme un
ennemi; et tout bon citoyen t'y aidera d'un œil de
défiance, te prenant pour un corrupteur des lois. Ainsi tu
accréditeras toi-même l'opinion que tu as été justement
condamné; car tout corrupteur des lois passera aisément
pour corrupteur des jeunes gens et des faibles. Éviteras-tu
ces villes bien policées, et la société des hommes de
bien? Mais alors est-ce la peine de vivre? Ou, si tu les
approches, que leur diras-tu, Socrate? Auras-tu le front
de leur répéter ce que tu disais ici, qu'il ne doit rien y
avoir pour l'homme au-dessus de la vertu, de la justice,
des lois et de leurs décisions? Mais peux-tu espérer
qu'alors le rôle de Socrate ne paraisse pas honteux? Non,
tu ne peux l'espérer. Mais tu t'éloigneras de ces villes
bien policées, et tu iras en Thessalie, chez les amis de
Criton; car c'est le pays du désordre et de la licence, et
peut-être y prendra-t-on un singulier plaisir à t'entendre
raconter la manière plaisante dont tu t'es échappé de
cette prison, enveloppé d'un manteau, ou couvert d'une
peau de bête, ou déguisé d'une manière ou d'une autre,
comme font tous les fugitifs, et tout à fait méconnaissable.
Mais personne ne s'avisera-t-il de remarquer qu'à ton
âge, ayant peu de temps à vivre selon toute apparence,
il faut que tu aies bien aimé la vie pour y sacrifier les
lois les plus saintes? Non, peut-être, si tu ne choques
personne; autrement, Socrate, il te faudra entendre bien
des choses humiliantes. Tu vivras dépendant, de tous

les hommes, et rampant devant eux. Et que feras-tu en Thessalie que de traîner ton oisiveté de festin en festin, comme si tu n'y étais allé que pour un souper ? Alors que deviendront tous ces discours sur la justice et toutes les autres vertus ? Mais peut-être veux-tu te conserver pour tes enfants, afin de pouvoir les élever ? Quoi donc ! Est-ce en les emmenant en Thessalie que tu les élèveras, en les rendant étrangers à leur patrie, pour qu'ils t'aient encore cette obligation ? Ou, si tu les laisses à Athènes, seront-ils mieux élevés, quand tu ne seras pas avec eux, parce que tu seras en vie ? Mais tes amis en auront soin ? Quoi ils en auront soin si tu vas en Thessalie, et si tu vas aux enfers ils n'en auront pas soin ? Non, Socrate, si du moins ceux qui se disent tes amis valent quelque chose ; et il faut le croire. Socrate, suis les conseils de celles qui t'ont nourri : ne mets ni tes enfants, ni ta vie, ni quelque chose que ce puisse être, au-dessus de la justice, et quand tu arriveras aux enfers, tu pourras plaider ta cause devant les juges que tu y trouveras. Car si tu fais ce qu'on te propose sache que tu n'amélioras tes affaires, ni dans ce monde, ni dans l'autre. Et subissant ton arrêt, tu meurs victime honorable de l'iniquité, non des lois, mais des hommes ; mais, si tu fuis, si tu repousses sans dignité l'injustice par l'injustice, le mal par le mal, si tu violes le traité qui t'obligeait envers nous, tu mets en péril ceux que tu devais protéger, toi, tes amis, ta patrie et nous. Tu nous auras pour ennemis pendant ta vie, et quand tu descendras chez les morts, nos sœurs, les Lois des enfers, ne t'y feront pas un accueil trop favorable, sachant que tu as fait tous tes efforts pour nous détruire. Ainsi, que Criton n'ait pas sur toi plus de pouvoir que nous, et ne préfère pas ses conseils aux nôtres.

généralement qu'il fait partie des premiers dialogues de Platon – les dialogues dits de jeunesse, rédigés autour de 390 avant Jésus-Christ (probablement en même temps que le *Cratyle*, le *Gorgias*, le *Ménon* ou le *Ménéxène* notamment). La scène du dialogue se déroule en 399 avant Jésus-Christ, cinq ans après la fin de la guerre du Péloponnèse qui a vu la défaite d'Athènes face à Sparte et l'établissement du régime éphémère que l'on a appelé le régime des « trente tyrans »[1]. Elle fait suite à la condamnation à mort de Socrate pour les motifs que l'on connaît (« Socrate [...] est coupable en ce qu'il corrompt la jeunesse, qu'il n'honore pas les dieux de la cité et leur substitue des divinités nouvelles »[2]), et met en scène Criton, venu enjoindre Socrate de s'enfuir avant son exécution prochaine. Cette invitation à la fuite ne s'explique pas seulement par l'amitié qui lie depuis de nombreuses années Criton à Socrate, elle s'explique avant tout par le fait que, dès *l'Apologie de Socrate* (le texte de Platon relatant le jugement de son maître), la condamnation de Socrate est présentée comme injuste, au sens où l'accusation portée par Mélétos, Anytos et Lycon (trois citoyens athéniens) est infondée. La défense de Socrate consiste à expliquer qu'il s'est attiré les rancœurs des hommes politiques, des poètes, des artisans et des orateurs pour la simple raison qu'il a cherché la sagesse, et, à chaque fois, déçu par ceux qui prétendaient être sages, il a voulu leur montrer que la

---

1. Régime des trente : oligarchie imposée par Sparte suite à la victoire, et qui fait régner à Athènes un régime de terreur avant d'être renversée au bout de quelques mois seulement par Thrasybule.
2. Ces termes sont ceux par lesquels Socrate lui-même résume son acte d'accusation (voir Platon, *Apologie de Socrate*, 24b, trad. Chambry).

sagesse dont ils pensaient jouir n'était qu'une illusion. Cette activité de recherche de la sagesse lui a donc valu de nombreuses inimitiés et une réputation d'irrespect des hommes importants. Mais cette explication par Socrate n'y fait rien : sur les 501 juges, 280 votent en faveur de la condamnation à mort.

Si ce jugement est effectivement injuste, que convient-il alors de faire ? N'est-il pas justifié de chercher par tous les moyens à se soustraire à cette condamnation ? Le bon sens ne commande-t-il pas d'essayer d'échapper à l'exécution ? N'est-ce pas justement ce qu'a fait Alcibiade par exemple, quelques années plus tôt[1] ? Criton est un vieil ami de Socrate (dont les quatre fils furent auditeurs[2]), ils ont le même âge, se connaissent depuis longtemps et s'apprécient. C'est à lui que Socrate adressera ses derniers mots et ce sera lui encore qui lui fermera la bouche et les yeux après sa mort[3]. Dès le début du dialogue, il prend la parole au nom de cette amitié et fonde son discours sur une série d'arguments convenus pour le convaincre de sauver sa vie. Il est possible de les résumer ainsi : 1) la tristesse que Criton aurait de perdre un ami – et son ami le plus cher ; 2) les rumeurs de la foule qui jugerait probablement sévèrement Criton de n'avoir pas suffisamment aidé son ami par lâcheté ou par

---

1. Alcibiade est cet homme politique et général athénien, interlocuteur de Socrate dans certains dialogues de Platon, qui fut accusé d'avoir participé à un sacrilège (à tort ?) et condamné à mort en 415, alors qu'il partait en expédition en Sicile. Apprenant sa condamnation, il s'exilera à Sparte puis en Perse et ne reviendra (triomphalement) à Athènes qu'en 407.

2. Diogène Laërce, *Vies et doctrines des philosophes illustres*, II, Criton.

3. Platon, *Phédon*, 118a.

mollesse; 3) la grande faisabilité de cette évasion sur le plan pratique; (4) les nombreuses possibilités d'exil qui s'offrent à lui; (5) le sort des fils de Socrate qu'il semble abandonner en se soumettant au jugement; (6) enfin, le fait qu'en se comportant ainsi Socrate semble donner satisfaction à ses ennemis.

Criton pense-t-il vraiment que ces arguments pourraient convaincre Socrate de réviser son attitude? Les propos de Socrate face à ses juges une fois la condamnation prononcée ne répondaient-ils pas par avance à ce type de raisons d'agir[1]? Cette inutilité pratique de la démarche de Criton n'est pas anecdotique, elle montre que le dialogue est aussi une histoire d'amitié et non seulement une réflexion strictement théorique sur la juste conduite à tenir : c'est au nom de cette amitié en effet que Criton vient voir Socrate pour lui redire ce que ce dernier sait déjà; comme c'est au nom de l'amitié que Socrate lui répond et précise des analyses que Criton a sans aucun doute déjà entendues. En d'autres termes, c'est la relation privilégiée entretenue par Criton et Socrate qui rend possible une analyse des raisons du refus de la désobéissance de Socrate. La posture prétendument purement rationnelle donnée par Socrate est ainsi mise au jour, comme souvent, au cœur d'une expérience concrète préalable – ici, un lien d'affection et une situation d'urgence – et elle passe, comme toujours, par l'exploitation d'une relation intersubjective (le dialogue) plutôt que par un exposé dogmatique.

En outre, on ne peut pas faire comme si la question qui se posait dans le *Criton* n'était que celle de savoir

1. Voir par exemple Platon, *Apologie de Socrate*, 38c-42a.

s'il faut ou non s'opposer à une injustice (ou répondre à une injustice par une autre), ou comme si cette question se posait hors contexte. Dans la bouche de Criton, elle se pose d'abord en des termes plus directs et plus pressants : « faut-il fuir devant la mort ? » – voire « faut-il fuir *aujourd'hui* devant la mort qui arrive *demain* ? ». Mais, précisément, le fait que Socrate rabatte la seconde formulation sur la première dès le début du dialogue indique une orientation spécifique de sa réflexion. Cela est surtout frappant par rapport à *L'Apologie de Socrate*, où il fait bien plus cas de cette proximité avec la mort, et où il commente largement ses états d'âme face à celle-ci (inquiétude ou confiance ? angoisse ou tranquillité ?). Jusqu'à la fin de *L'Apologie*, il explique notamment qu'il est dans une relative sérénité et que craindre la mort serait encore une manière de se croire sage sans l'être réellement, puisque ce serait présager que la mort est un mal – ce qu'on ne sait pas. En ce sens le *Criton* est d'un autre ordre que *l'Apologie* ou le *Phédon*, qui mettent tous deux en lumière l'attitude extraordinaire de Socrate face à la proximité de sa propre mort : l'un comme l'autre s'appliquent à construire la figure du « Socrate mourant » que la philosophie a depuis lors si souvent commentée et cherchée à éclairer[1]. Dans le *Criton* au contraire, bien que le contexte soit le même et bien que le dialogue contribue aussi à montrer l'état d'esprit de Socrate à ce moment précis, la mort n'est pas vraiment

---

1. Voir en particulier Nietzsche qui, dans *Naissance de la tragédie* (§ 13), analyse les raisons et l'importance de l'acceptation de la condamnation à mort et la pseudo-alternative : condamnation à mort ou exil.

l'objet de la réflexion. Si Criton est pressé par l'exécution prochaine (s'il presse même Socrate de répondre, de se décider, de fuir, etc.), Socrate, lui, au contraire, prend son temps. À l'urgence dans laquelle Criton essaye de situer la discussion, Socrate répond par la temporalité propre du dialogue, où les arguments doivent être développés pour pouvoir être acceptés ou réfutés, et où la progression de l'analyse suppose le respect d'un certain ordre logique et le temps de l'assimilation des différentes idées. Le thème de la mort est lui-même rapidement éludé pour ne réapparaître que dans les dernières répliques.

Les arguments avancés par Criton sont en réalité de deux natures différentes : certains sont de nature pratique (il est *possible* de s'évader), d'autres sont de nature éthique (il est *préférable* de s'évader). C'est aux seconds seulement que Socrate répondra (il peut ainsi répondre sentencieusement à Criton : « le plus important n'est pas de vivre, mais de bien vivre »[1]). Et après avoir montré que l'avis de la foule ne doit être d'aucun poids dans une décision éthique (après donc avoir répondu au deuxième argument de Criton), il procède en imaginant le discours que les Lois d'Athènes pourraient lui tenir si elles devaient le convaincre de ne pas s'enfuir de la ville à la veille de son exécution. C'est ce long[2] discours des Lois que nous avons choisi de reproduire. Cette prosopopée invite au moins à se poser deux questions : pourquoi faire parler les Lois d'Athènes? et : comment comprendre ce qu'elles disent?

---

1. Platon, *Criton*, 48b.
2. Le discours des Lois représente environ la moitié du dialogue.

LE DISCOURS DES LOIS

Demandons-nous donc d'abord pourquoi Socrate, souhaitant expliquer à son ami les raisons qui le poussent à ne pas s'enfuir et à attendre son exécution, choisit de faire parler les Lois d'Athènes. Socrate introduit ce discours des Lois en se demandant si son évasion ne devrait pas être considérée comme une injustice – et une injustice commise en particulier vis-à-vis de ceux qui le mériteraient le moins. Accepter de s'enfuir serait alors, comme il le dit à Criton dès le début, répondre à une injustice (la condamnation à mort de Socrate) par une injustice (la désobéissance et la fuite). La référence aux lois lui sert en somme à mettre en scène ceux à qui il causerait du tort en s'enfuyant.

Lorsqu'il voulait convaincre Socrate de s'enfuir, Criton faisait, lui, référence à la foule, au grand nombre pour donner du poids à son argumentaire et c'est probablement aussi en réponse à cette référence qu'il faut comprendre le propos de Socrate. Car de quoi se soucie Socrate ? Il l'exprime lui-même très clairement à Criton dès le début de ce dialogue : il se soucie non pas du nombre mais de la vérité, non pas de ce que n'importe qui *peut* penser mais de ce qu'un homme bon *doit* penser. Or la vérité n'est évidemment pas essentiellement liée avec le grand nombre dont Socrate, dès le début du dialogue, raille la versatilité du jugement – c'est bien une de ses pratiques pédagogiques principales de pousser son interlocuteur à sortir de l'opinion commune pour accéder au savoir. Ici, comme dans d'autres circonstances, ce souci de vérité se traduit par un recours explicite à la raison comme seule référence légitime pour dicter la juste conduite à tenir dans cette situation. La délibération

éthique a donc un fondement exclusivement rationnel, ce
que la référence aux lois est censée montrer.

À qui en effet Socrate causerait-il du tort en
s'enfuyant? À Athènes et aux Athéniens. Il convient de
bien comprendre que les Athéniens ne sont pas la foule
anonyme et changeante à laquelle Criton faisait référence,
ce sont les citoyens libres qui font les lois d'Athènes et
leur sont soumis. C'est donc à Athènes – sa patrie – que
Socrate doit rendre des comptes, ainsi qu'aux Athéniens –
ses compatriotes. Qu'Athènes s'exprime par ses lois
s'explique précisément par le fait que ce sont les lois qui
permettent de distinguer la foule de la communauté des
citoyens. Dire qu'Athènes s'exprime par ses lois, c'est
dire que le lien d'attachement à la patrie n'est pas un lien
prioritairement géographique ou historique, mais plutôt
un attachement rationnel à une constitution politique et
juridique particulière. Et cet attachement spécifique qui
lui fait placer les lois d'Athènes au-dessus de ce qui
peut sembler être un intérêt immédiat (en l'occurrence la
défense de sa propre vie) est en cela un patriotisme.

Que diraient les Lois si elles pouvaient parler? Selon
Socrate, il semble qu'elles diraient principalement trois
choses censées justifier son devoir de leur obéir. Voici en
effet le cœur de l'argumentation du discours : (1) Socrate
doit beaucoup aux lois dans la construction de sa propre
individualité; elles ont largement contribué à faire de lui
ce qu'il est, depuis sa naissance (par le biais de l'union
légale de ses parents par exemple) jusqu'à sa citoyenneté,
en passant par son éducation. (2) Les lois d'Athènes
méritent *particulièrement* le respect car Athènes fait
partie des cités « bien policées ». (3) Qui plus est, Socrate
a eu à de nombreuses reprises l'occasion d'exprimer
son désaccord avec les lois d'Athènes mais a choisi de

rester vivre dans cette cité pendant soixante-dix ans, n'en sortant pour ainsi dire jamais, témoignant par-là de son attachement à ces lois (ne pas fuir à cet instant ultime relève donc aussi d'un souci de cohérence par rapport à ce que fut jusqu'alors l'existence de Socrate).

Ces trois points reviennent à souligner d'abord la dissymétrie fondamentale entre le droit et le devoir pour le citoyen. Pourquoi parler de dissymétrie ? C'est que l'argument avancé par les Lois (donc par Socrate) correspond à l'affirmation d'une *dette* perpétuelle du citoyen à l'État : jamais le citoyen n'est quitte vis-à-vis de la loi, et c'est cela qui justifie que la loi mérite non seulement le respect, mais *le plus grand respect*. Les Lois peuvent ainsi affirmer :

> La patrie a plus droit à nos respects et à nos hommages, [...] elle est et plus auguste et plus sainte devant les dieux et les hommes sages, qu'un père, qu'une mère et tous les aïeux ; [...] il faut respecter la patrie dans sa colère, avoir pour elle plus de soumission et d'égards que pour un père[1].

Ce devoir d'un attachement plus fort que l'attachement filial (la patrie nous constitue, semble dire Socrate) ne doit pas se comprendre comme un strict attachement à tel sol ou à telle tradition, mais prioritairement comme un attachement à une structure juridique et politique – ce sont *les lois d'Athènes* qui parlent pour Athènes. Cette priorité ne doit cependant pas laisser penser que la patrie ne serait *que* cela. Le sol, les mœurs, l'inscription de la famille sur tel territoire et non sur tel autre ne sont pas laissés de côté tout au long de ce discours. Au contraire, l'importance de tous ces facteurs que l'on pourrait dire affectifs ou

1. Platon, *Criton*, 51a-b

sentimentaux est très régulièrement réaffirmée et montre ainsi qu'ils comptent pour beaucoup dans l'idée de patrie et dans l'attachement qu'on lui porte. Seulement : la priorité est donnée à l'attachement à la loi parce que la loi est en amont de tout cela et qu'elle rend en quelque sorte possible les autres facteurs d'attachement.

Comment cet attachement aux lois se manifeste-t-il (ou *devrait*-il se manifester chez l'homme sage)? Les Lois exigent du « respect », des « hommages », de la « soumission » et des « égards ». Ce caractère apparemment absolu de l'obéissance est justifié dès les premières lignes de ce discours, lorsque les Lois rappellent la portée politique de la désobéissance – en particulier de la désobéissance au nom du sentiment d'injustice. C'est un problème très classique de philosophie politique : si l'on s'autorise la désobéissance dès lors qu'une loi paraît injuste, alors le corps politique n'a plus aucune stabilité (car il existera toujours des personnes pour qui telle loi paraîtra injuste et qui pourraient donc s'autoriser la désobéissance). Dans le cas précis de Socrate, sa désobéissance reviendrait à nier le principe sur lequel se fonde l'État : le respect de la loi et des jugements même (et surtout) lorsque ceux-ci semblent injustes ou illégitimes. D'un autre côté bien sûr, refuser à l'individu la possibilité de désobéir lorsque la loi lui semble injuste a l'air de nier sa qualité de citoyen libre. La figure même du désobéissant moral est d'ailleurs une figure qui séduit aisément précisément parce qu'elle incarne l'affirmation de la liberté contre l'exigence de soumission. Ainsi, lorsqu'Antigone s'oppose à la loi de Créon par exemple, elle jouit habituellement d'un jugement favorable de notre part dans la mesure où elle semble tenir bon sa conscience morale contre les lois injustes édictées par son oncle. Mais peut-on vraiment prendre un tel parti ? Et que faire d'Antigone dans la vie réelle d'une communauté politique ? Et si, dans le cas d'Antigone, la loi de Créon est suffisamment dure pour être spontanément admise comme insupportable, que faire dans le cas où une Antigone s'opposerait à la loi pour moins que ça ? Que faire dans le cas où quelqu'un désobéirait à une loi qui semblerait tout à fait légitime à l'immense majorité des citoyens et qui aurait été votée par eux ? Dans l'extrait que nous commentons, le rappel à ce qu'on pourrait appeler la « raison citoyenne » opéré par les Lois au début de leur discours n'est finalement que le rappel du devoir que chaque citoyen a d'obéir, et, surtout, du caractère éminemment collectif (ou politique) que prend un acte de désobéissance, même lorsque celui-ci est vécu comme une décision strictement individuelle. Ce sont sur ces mots qu'elles commencent en effet leur discours :

> Socrate, que vas-tu faire ? L'action que tu prépares ne tend-elle pas à renverser, autant qu'il est en toi, et nous et l'État tout entier ? Car quel État peut subsister, où les jugements rendus n'ont aucune force, et sont foulés aux pieds, par les particuliers ? [1]

Faut-il conclure de cela que le citoyen est esclave de la loi ? Qu'il lui est toujours interdit de donner son avis face aux lois établies et aux jugements rendus ? Y compris lorsque ceux-ci paraissent injustes ? Est-ce vraiment d'une soumission absolue dont il est question dans ces pages ? Il serait bien entendu surprenant (et il paraîtrait même tout à fait contradictoire) de trouver

---

1. Platon, *Criton*, 50b.

une telle attitude servile vis-à-vis de l'État et de ses lois
mise en avant par celui-là même qui entend examiner les
problèmes à l'aide de sa seule raison. Quelques lignes
plus haut, alors que Criton l'encourage à s'évader,
Socrate peut ainsi lui répondre :

> Il faut donc examiner si le devoir permet de faire ce que
> tu me proposes, ou non ; car ce n'est pas d'aujourd'hui
> que j'ai pour principe de n'écouter en moi d'autre voix
> que celle de la raison. Les principes que j'ai professés
> toute ma vie, je ne puis les abandonner parce qu'un
> malheur m'arrive : je les vois toujours du même œil ;
> ils me paraissent aussi puissants, aussi respectables
> qu'auparavant. [1]

Il serait donc paradoxal que la solution rationnelle
au problème de la survie du corps politique soit la
renonciation à l'usage de l'esprit critique ou l'effacement
de la raison du citoyen, dans la mesure où Socrate fait
profession, au contraire, d'encourager ses concitoyens à
en user davantage – et il a d'ailleurs lui-même désobéi
à un ordre formel d'État quelques années plus tôt [2].
C'est donc que ce ne peut pas être d'obéissance aveugle
dont il est ici question. Alors comment le comprendre ?
Comment la soumission aux lois exigée dès le début
de ce discours peut-elle être compatible avec la faculté
rationnelle du citoyen à laquelle Socrate fait appel, sans
se lasser, dialogue après dialogue ? La réponse tient en un
double argument qui caractérise la citoyenneté athénienne

---

1. Platon, *Criton*, 46a-46b.
2. Sous les Trente, Socrate avait reçu l'ordre d'aller arrêter Léon
le Salaminien qui avait été condamné à mort, et il s'y était refusé (voir
Platon, *Apologie de Socrate*, 32b-c ; Xénophon, *Mémorables*, I, I, 18 ;
Xénophon, *Les Helléniques*, I, VII, 15).

et justifie le devoir d'obéissance : la participation à la loi
et la liberté de partir.

LES CONDITIONS D'UN ATTACHEMENT CRITIQUE
À LA PATRIE

L'argument qui se trouve être le plus développé par
les Lois dans leur discours est certainement celui qui
consiste à rappeler les *raisons* de l'obéissance qu'elles
attendent de Socrate, car l'exigence d'obéissance n'est
ici ni arbitraire (tyrannique), ni exigence de servilité.
C'est ce type de justification qui fait la valeur de *ces* lois
– les lois d'Athènes – plus encore de n'importe quelle
loi. Nous venons d'évoquer ces raisons : la participation
des citoyens à l'établissement des lois de la cité ; et la
liberté de quitter la ville (et ses lois) dont chaque citoyen
peut user s'il juge qu'il serait mieux traité ou plus libre
ailleurs.

(1) La participation politique est un élément
déterminant de la vie politique athénienne qui répond par
avance à l'accusation d'arbitraire de la loi ou du pouvoir :
il y a une possibilité de critique légale du pouvoir comme
il y a pour le citoyen une possibilité politique de faire
que la loi injuste puisse être amendée ou changée. De fait
la participation politique est, avec le principe d'égalité
devant la loi (isonomie), le fondement de la citoyenneté
athénienne depuis les grandes réformes démocratiques de
Clisthène, d'Ephilatès et de Périclès (cette « participation »
impliquant d'ailleurs une dimension militaire au cœur du
statut de citoyen). L'organisation politique démocratique
repose entièrement, au sein des trois principaux « corps »
politiques (l'Assemblée ou *Ecclésia*, le conseil ou *Boulè*,

et le tribunal des affaires courantes ou *Héliée*), sur cet exercice direct de la citoyenneté. Dans un passage célèbre de *La guerre du Péloponnèse*, Thucydide rend compte d'un discours prononcé par Périclès en 430, dans lequel celui-ci montre que la participation politique n'est pas qu'une caractéristique de la politique athénienne parmi d'autres, mais qu'elle en est la caractéristique principale.

> Nous sommes en effet les seuls à penser qu'un homme ne se mêlant pas de politique mérite de passer, non pour un citoyen paisible, mais pour un citoyen inutile. Nous intervenons tous personnellement dans le gouvernement de la cité par notre vote ou même en personne en présentant à propos nos suggestions. Car nous ne sommes pas de ceux qui pensent que les paroles nuisent à l'action. [1]

Ce rapport à la participation (*méthexis*) de même que la vision spécifique de l'importance de la parole au sein de l'espace politique évoquée dans ce court extrait, fondent ainsi un certain rapport d'obéissance aux lois : voilà l'argument central sur lequel les Lois (et donc Socrate) construisent leur argumentation dans le *Criton*. Cette phrase de Périclès « Nous ne sommes pas de ceux qui pensent que les paroles nuisent à l'action » ne signifie pas seulement que l'action doit avoir une délibération préalable (et ne témoigne donc pas seulement d'un souci rationnel de précaution précédant l'action – à Sparte aussi, bien entendu, on réfléchit avant d'agir), cela signifie surtout que la parole est elle-même une action. Périclès ne défend pas seulement l'idée selon laquelle parler ou délibérer permettrait d'agir mieux, il

---

1. Thucydide, *La Guerre du Péloponnèse*, trad. D. Roussel, II, 37, Paris, Folio-Gallimard, 2000, p. 155.

défend plus précisément l'idée selon laquelle parler a une valeur politique *en soi* : parler est déjà participer – c'est cela la caractéristique démocratique : prendre part à la délibération est un moyen privilégié par lequel le citoyen *fait* de la politique. Le citoyen est en somme celui qui a une parole politique, celui qui a une voix (la « parole » évoquée par Périclès doit toujours être *incarnée* – la voix est toujours la voix de quelqu'un de particulier). L'organisation du pouvoir pourrait en ce sens être vue comme l'organisation de la prise de la parole en même temps que la distinction entre les différentes voix autorisées par la loi à participer au pouvoir dans l'espace politique et celles qui n'y sont pas autorisées – le pouvoir démocratique étant celui dans lequel tous les citoyens peuvent donner de la voix, celui dans lequel la voix du citoyen est *a priori* légitime.

(2) L'autre argument essentiel est celui de la liberté de circulation à laquelle les Lois renvoient Socrate : Athènes est une ville ouverte, c'est-à-dire une ville que l'on peut quitter si on est en désaccord avec ses lois. Et il se trouve que cet argument politique général se double d'un constat empirique concernant la vie particulière menée par Socrate à Athènes : il est précisément, rappellent les Lois, celui qui en est *le moins sorti*. Les Lois postulent ainsi que la manière d'être de Socrate (principalement : ne pas sortir d'Athènes, même pour des voyages ponctuels, et y avoir des enfants) témoigne du plaisir que Socrate a d'être à Athènes, et cet attachement vaut selon elles un engagement de fait[1]. Elles établissent

---

1. On retrouve ce même constat par exemple dans le *Phèdre*, où Phèdre peut dire à Socrate : « À ce que je vois, non seulement tu ne sors jamais du pays, mais tu ne mets pas même le pied hors d'Athènes. », 230d, trad. V. Cousin.

donc un lien entre la manière d'être et l'exercice de la citoyenneté, considérant en cela que la première a toujours une dimension fondamentalement politique et que la seconde s'enracine dans l'ordinaire de l'existence. Cela signifie que l'attachement à la cité passe autant par les formes ostensibles classiques d'exercice de la citoyenneté (principalement : le service militaire et la participation active à la vie de la cité par le biais du vote, de la délibération, de la prise de responsabilité au sein de certaines institutions, etc.) que par le fait de vivre et de continuer à vivre sur un territoire donné, organisé par des lois particulières.

Cet argument selon lequel la vie ordinaire manifeste un engagement politique se double, dans le cas de Socrate, d'un autre élément : lors de son procès, il aurait pu proposer une autre peine que la condamnation à mort requise par ses accusateurs, par exemple l'exil qui aurait alors été conforme aux lois. Mais alors Socrate avait fait preuve d'insolence, d'arrogance ou de fausse naïveté en proposant d'être nourri au Prytanée (ce qui était un grand honneur réservé aux bienfaiteurs de la cité). S'il n'avait pas voulu fuir la mort légalement à ce moment-là, pourquoi le faire maintenant ?

Tout cela fait que Socrate se trouve être engagé vis-à-vis d'Athènes par ses choix passés, par le rapport qu'il a entretenu avec sa cité, par l'attachement dont il a témoigné à son égard, bref : par la vie qu'il a menée. C'est cette forme d'attachement qui fait de l'obéissance attendue *aujourd'hui* une obéissance juste et non une obéissance servile. Le problème n'est d'ailleurs pas ici d'accepter ou non une loi injuste (comme nous l'avons expliqué : comment Socrate pourrait-il accepter l'injustice d'une loi ?), il est, comme le souligne Hannah Arendt par exemple, de s'opposer ou non à ses juges car ce sont l'accusation initiale et la décision finale qui sont iniques, et non les lois[1] (Socrate n'est pas dans la situation d'Antigone). L'examen rationnel qu'elles invitent à mener est le suivant : à une injustice commise par des juges répondrait une injustice commise à l'encontre des lois. C'est pour cette raison que les Lois peuvent juger que la fuite de Socrate serait quatre fois injuste :

> Si quelqu'un demeure, après avoir vu comment nous administrions la justice ; et comment nous gouvernons en général, nous disons alors qu'il s'est de fait engagé à nous obéir. S'il y manque, nous soutenons qu'il est injuste de trois manières : il nous désobéit, à nous qui lui avons donné la vie ; il nous désobéit, à nous qui sommes en quelque sorte ses nourrices ; enfin, il trahit la foi donnée, et se soustrait violemment à notre autorité, au lieu de la désarmer par la persuasion ; et quand nous nous bornons à proposer, au lieu de commander tyranniquement, quand nous allons jusqu'à laisser le choix ou d'obéir ou de nous convaincre d'injustice, lui, il ne fait ni l'un ni l'autre. Voilà, Socrate, les accusations auxquelles tu t'exposes, si tu accomplis le projet que tu médites et encore seras-tu plus coupable que tout autre citoyen.[2]

Quatre niveaux d'injustice, donc : les Lois ont donné la vie ; elles ont aidé à grandir ; elles peuvent être discutées ; et Socrate est, plus qu'aucun autre, engagé vis-à-vis d'elles. Quatre points qui sont autant de manières pour Socrate de justifier sa décision aux yeux de Criton. Les Lois, en somme, ne développent à aucun moment un

1. Hannah Arendt, « La désobéissance civile », *Du mensonge en politique* (1969), trad. G. Durand, Paris, Pocket, 1994, p. 60 *sq*.
2. Platon, *Criton*, 51e-52a

argument d'autorité exigeant la soumission de celui à qui elles s'adressent, elles rappellent au contraire que leur autorité vient précisément de la possibilité d'un désaccord argumenté (il est possible de « désarmer [l'autorité] par la persuasion » ou de « convaincre d'injustice » les Lois) – c'est même la condition pour sauver la communauté politique de la tyrannie.

On peut alors légitimement parler d'un patriotisme pour qualifier l'attitude de Socrate dans la mesure où sa posture se caractérise par un attachement à la cité et à ses lois (à *cette* cité particulière et à *ces* lois). Mais l'attachement à la patrie est *critique* dans la mesure où il n'interdit pas la discussion voire le désaccord avec les lois, pas plus qu'il n'exige une loyauté sans limite – qui serait attendue quelles que puissent être les situations particulières. Le patriotisme est ainsi fondé en raison (c'est-à-dire : conforme à la conscience individuelle et répondant à des arguments rationnels sur lesquels les hommes peuvent s'entendre) et se traduit dans l'ordinaire de la vie quotidienne. « Bien vivre » (puisque c'est cela, ce que Socrate dit viser) ne signifie donc pas se conformer à toutes les lois sous prétexte qu'elles sont des lois, pas plus que cela ne voudrait dire tout accepter de la patrie à laquelle on est attaché sous prétexte que c'est notre patrie ; cela signifie plutôt : défendre ce qui fait la valeur de *cette* patrie, se conformer à ses engagements et prendre soin de fonder son action sur sa raison, afin d'essayer de mener, autant que faire se peut, une existence cohérente. Nous avons essayé de le montrer, cette dimension éthique de la posture socratique, posture qui relève avant tout d'une obéissance *à soi-même*, est au cœur de l'attachement porté aux lois et à la cité tel qu'il est présenté dans ces pages magistrales du *Criton*.

TEXTE 2

DAVID MILLER

*Avons-nous des devoirs spéciaux vis-à-vis
de nos compatriotes ?* [1]

Dans quel cas des attachements peuvent-ils fonder légitimement des devoirs spéciaux du type de ceux que la nation est censée imposer ? Pour bien cerner cette question, nous devons commencer par distinguer les relations qui n'ont qu'une valeur instrumentale de celles qui ont une valeur intrinsèque [2]. Ces deux genres de relations peuvent fonder des devoirs spéciaux, mais il y a une différence dans le *type* de devoirs spéciaux impliqués – différence qui sera mieux illustrée par un exemple. Comparons un groupe d'amis avec un groupe de personnes qui s'associent pour une raison particulière, disons un groupe de collègues de travail qui décident de s'associer pour acquérir un cheval de course. Dans le cas des amis, bien qu'il y ait certainement des bénéfices instrumentaux à l'amitié – les amis peuvent demander de l'aide quand ils sont en difficulté par exemple – l'amitié a aussi une valeur intrinsèque. La vie des gens est

1. Ce texte est extrait d'un article de David Miller, « Reasonable partiality towards compatriots », *Ethical Theory and Moral Practice*, 8 : 63–81, 2005, trad. J. Guillou et L. Lourme.
2. Le sens de cette distinction est plus largement discuté dans le livre de Samuel Scheffler, *Boundaries and Allegiances*, Oxford, Oxford University Press, 2001.

meilleure du simple fait de faire partie de ce genre de
relation ; quand des amitiés disparaissent, pour une raison
ou une autre, c'est une perte. Par contraste, l'association
de collègues n'existe que parce que les membres ont
besoin de s'associer pour supporter les frais liés à la
possession d'un cheval de course. Si n'importe lequel
d'entre eux pouvait le faire tout seul, ce serait encore
mieux pour lui, et peu importe si l'association est alors
dissoute et une nouvelle reformée. Donc les seuls devoirs
qui naissent dans le cas de cette association sont ceux
inhérents à la démarche coopérative en soi. Ceux-ci
peuvent être contractuels (chaque membre ayant consenti
à payer autant par mois pour les frais d'écurie quand il
s'est joint au groupe), ou bien ils peuvent être liés à un
souci de justice (chacun pourrait à tour de rôle conduire
le cheval aux réunions de courses même si ce n'était pas
une convention antécédente). Mais maintenir l'existence
de cette association n'est pas un devoir et il n'y a pas de
devoirs envers les autres membres, au-delà de ceux que
leurs relations particulières impliquent. L'amitié, elle,
crée des devoirs ouverts de soutien et d'aide, d'entretien
de la relation en gardant contact, etc., et le fondement
de ces devoirs réside dans le fait qu'une forme de
relation précieuse serait perdue si ces devoirs n'étaient
pas reconnus et que l'on n'agissait pas conformément à
ceux-ci.

Les devoirs spéciaux fondamentaux [1] naissent ainsi
uniquement des relations qui ont une valeur intrinsèque.
(…)

---

1. J'utilise cette expression pour parler des devoirs hérités
directement de l'appartenance à un groupe ou à une relation d'un autre
ordre, et qui sont opposés aux devoirs provenant des promesses, des
contrats, des pratiques co-opératives, etc.

Les relations qui existent entre compatriotes ont-elles une valeur intrinsèque[1] ? Il est parfois défendu que, si l'identité nationale et la solidarité nationale ont une quelconque valeur, celle-ci est instrumentale. (...) Toutefois ce qu'il faut souligner par rapport à la valeur instrumentale de la nationalité est qu'elle parasite sa valeur intrinsèque dans le sens où les compatriotes doivent tout d'abord croire que leur association a une valeur en elle-même et s'engager à la préserver dans la durée, afin de pouvoir profiter des autres avantages que la solidarité nationale apporte. Peu importe la valeur que nous (en tant qu'étrangers) attachons au sentiment d'appartenance nationale d'autres populations, une association politique à laquelle on adhérerait et que l'on soutiendrait uniquement pour des raisons instrumentales ne pourrait pas fonctionner comme communauté nationale. En fait, la manière dont la plupart considèrent leur propre nationalité révèle que sa valeur est pour eux effectivement intrinsèque. Ils regretteraient par exemple profondément la perte de leur identité nationale distinctive, même si on leur garantissait les autres biens octroyés par la nationalité (une démocratie stable, la justice sociale, etc.). (...)

On dit parfois que les relations familiales ou amicales sont, disons, « vraies » – les liens qui nous unissent aux amis ou aux relations sont basés sur une connaissance directe et une interaction – tandis que dans le cas des nations les liens sont « artificiels » ou « imaginaires », puisque nous n'avons aucune expérience directe de

---

1. La question de savoir si les nations sont des communautés qui ont une valeur intrinsèque est traitée au deuxième chapitre de l'ouvrage de Margaret Moore : *The Ethics of Nationalism*, Oxford, Oxford University Press, 2001.

99,9% de nos compatriotes. Mais cette critique pourrait être adressée à beaucoup d'autres attachements hormis l'attachement national, aux églises par exemple, ou aux associations professionnelles, ou aux clubs de supporters de football.

(…) Le problème ici n'est pas de savoir si [l'appartenance nationale] est le meilleur bien humain – il est peu probable qu'il le soit pour la plupart des gens – mais de savoir si l'identité nationale est *un* des biens humains qui a une valeur intrinsèque, parallèlement à la vie de famille, le travail créatif, etc. Les cosmopolites qui nient la valeur intrinsèque de la nationalité peuvent être motivés par la peur de voir anéantis les devoirs envers l'humanité en général s'ils reconnaissent des devoirs spéciaux envers les compatriotes. Dans pareil cas, leurs craintes sont infondées : la question à ce stade n'est pas de savoir quel poids il faut attacher aux devoirs nationaux, mais si l'appartenance nationale a une valeur intrinsèque de telle sorte à pouvoir justifier des devoirs spéciaux, indépendamment de la question de savoir si ces devoirs peuvent outrepasser les devoirs familiaux, cosmopolites, etc. (…)

Une manière différente de présenter cette objection consiste à dire qu'un monde de nations est nécessairement inégal en pratique, puisque les différentes nations ne fournissent pas les mêmes avantages et désavantages à leurs membres. Or, en reconnaissant des devoirs spéciaux, on maintient cette inégalité. Mais l'inégalité suffit-elle pour invalider la valeur des attachements nationaux ? Les familles sont aussi des agents d'inégalité : chaque famille confère différents ensembles de bénéfices à ses membres, et comme nous le savons, ces différences ont un impact sur les chances dans la vie des individus. On ne pense pas pour autant que cela sape la valeur de la vie en famille. On distingue plutôt des manières légitimes et des manières illégitimes d'aider les membres de la famille : il est acceptable d'aider ses enfants à faire leurs devoirs, mais pas d'utiliser ses relations familiales pour leur faire obtenir un emploi qu'ils ne méritent pas.

COMMENTAIRE

Cet extrait est tiré d'un article de David Miller [1] paru en 2005, qui récapitule très efficacement à la fois la position que j'ai proposé d'appeler dans la première partie de cet ouvrage le « compatriotisme moral », certaines questions qu'elle suggère, et les réponses que ses partisans peuvent y apporter. Pour le dire aussi simplement que possible, le compatriotisme moral désigne l'idée selon laquelle un traitement partial et différencié des individus en fonction de leur nationalité ou de leur appartenance politique peut être moralement justifié. Pour rappel, je récapitule dans la table ci-dessous différentes critiques qui lui sont adressées sur le plan moral, et qui ont été évoquées dans la première partie de l'ouvrage.

---

1. David Miller est professeur de théorie politique à l'université d'Oxford et travail a publié notamment *On nationality* en 1995 et *Citizenship and National Identity* en 2000.

1/ Sur le statut moral des préférences politiques accordées aux compatriotes par l'État	*Est-il juste que l'État favorise ceux qui ont telle nationalité ?*
2/ Sur le statut moral de l'attachement compatriotique	*Peut-on justifier moralement l'attachement qu'un individu porte à sa patrie ?*
3/ Sur le statut moral des effets domestiques de l'attachement patriotique	*L'amour de la patrie n'a-t-il pas des conséquences immorales pour les individus ou les communautés politiques ?*
4/ Sur le statut moral des effets internationaux des préférences compatriotiques	*Le principe du compatriotisme n'implique-t-il pas des relations internationales moralement inacceptables ?*

Table 1. *Quatre critiques du compatriotisme moral*

Notre lecture de l'extrait du texte de David Miller ne permettra pas d'aborder dans le détail chacune de ces critiques, mais elles permettent cependant de donner une idée des différents angles problématiques sur le plan moral.

Dans ce passage, David Miller soutient que nous avons des « devoirs spéciaux » envers nos compatriotes en raison de la valeur intrinsèque qu'auraient les relations compatriotiques. Qu'est-ce qu'un devoir spécial ? C'est un devoir différencié selon les personnes – c'est-à-dire un devoir qui varie selon le *contexte* au sein duquel il est pensé. La thèse de David Miller est donc que la valeur intrinsèque de la nationalité permet de fonder moralement un traitement différencié des personnes.

Avant même de se demander ce qui pourrait justifier l'idée que nous aurions des devoirs spéciaux envers nos compatriotes et celle selon laquelle nos relations compatriotiques pourraient avoir une valeur intrinsèque, nous pouvons noter que le principe de ces devoirs spéciaux peut sembler poser problème en lui-même. On pourrait en effet considérer, à la suite de Kant par exemple, que la morale est par essence impartiale et que nos devoirs ne peuvent pas varier selon les contextes ou selon les personnes. Dans cette conception des choses, nous pourrions dire que le contexte dans lequel je me trouve est une chose, il contribue assurément à me décider dans ce que je *fais* effectivement, mais il ne compte pas dans la détermination de ce que je *dois faire*. Cette vision du devoir comme injonction indépendante de notre inscription particulière dans le monde paraît entrer en conflit avec l'idée d'appartenance qui suppose, elle, qu'on ne traite pas de la même manière *membres* et *non-membres*. Appartenir à un club de lecture, à une troupe scoute, à une association quelconque ou à un parti politique, cela signifie toujours : reconnaître à ceux qui partagent cette appartenance un statut différent des autres (les non-membres). Cela ne signifie évidemment pas que je doive tout aux autres membres, ou que l'appartenance commune à une entité particulière serait la seule cause de différenciation des devoirs, mais seulement que l'appartenance rend nécessaire la différence de traitement. En quel sens ? Et qu'est-ce que la morale peut bien avoir à faire que telle personne partage avec moi une appartenance ?

En réalité l'appartenance signifie qu'un membre se trouve *obligé* vis-à-vis des autres membres du groupe, au sens où il y a une sorte de code de conduite à respecter – il doit par exemple répondre présent lorsqu'il y a des sollicitations et, si cela lui est impossible, il doit prévenir les autres membres, etc. C'est le sens des exemples pris par David Miller au début de cet extrait. Mais sont-ce là des « devoirs » au plein sens du terme ? Ou plutôt :

cela remet-il en cause de quelque façon que ce soit l'impartialité de la morale? Que tel individu soit membre du groupe avec lequel je fais du sport ne change rien quant aux devoirs que j'ai vis-à-vis de lui. Certes je le préviens en cas d'absence, je fais attention à la manière dont je lui parle, je lui demande des nouvelles de ses proches, de son travail, etc. Et s'il se blesse en jouant, je me soucie de savoir comment il va, puis je prendrai de ses nouvelles. Mais tout cela n'a évidemment pas grand-chose à voir avec la morale, cela relève seulement du code informel de conduite dont nous parlions plus haut et qui, s'il m'oblige effectivement, ne semble pas créer à proprement parler des devoirs spécifiques. Comment alors peut-on comprendre le propos de David Miller?

L'argumentation de l'ensemble du passage peut être présentée de la manière suivante : (1) il y a des conditions requises pour l'existence des devoirs spéciaux (disons pour résumer : les devoirs spéciaux de base peuvent être justifiés lorsqu'ils naissent des relations qui ont une valeur intrinsèque, ces devoirs doivent faire partie intégrante de la relation pour être légitimes, et l'attachement qui les fonde ne doit pas impliquer intrinsèquement d'injustice); (2) ces conditions peuvent être remplies par les nations. On le voit donc, pour David Miller le devoir ne se fonde pas sur la raison (qui pourrait donner lieu à une conception du devoir comme devoir universel) mais essentiellement sur le type de relations au sein duquel il est envisagé. C'est cette caractéristique-là qui justifie que l'on puisse faire dépendre un devoir (entendu comme synonyme d'obligation) d'un contexte – on est obligé différemment selon les types de relations.

Si nous voulons préciser ce point il faut donc partir du fait qu'il y a toujours des obligations liées aux relations dans lesquelles nous sommes pris. Et David Miller choisit d'opérer une double distinction à cet égard : d'une part entre les relations qui ont une valeur intrinsèque et celles qui ont une valeur instrumentale ; et d'autre part entre les obligations liées à ce que vise la relation et celles qui sont inhérentes à la relation. Cette double distinction pourrait tout à fait être remise en cause en se demandant notamment si le partage entre les deux types de relations est réellement pertinent. De fait, le critère dont il se sert pour tracer la ligne de partage est trop vague pour échapper à la critique – quoi de moins précis que cela : « la vie des gens est meilleure du simple fait de faire partie de ce genre de relation » ? Mais quoi qu'il en soit de cette possible remise en cause, la thèse de l'auteur est, comme nous l'avons évoqué plus haut, que les devoirs spéciaux fondamentaux concernent les relations qui ont une valeur intrinsèque, et correspondent en fait aux obligations qui sont inhérentes à ce type de relations. Or il veut défendre l'idée que les relations compatriotiques sont de cet ordre. C'est sur ce point que nous ferons porter notre analyse dans un premier temps.

LES RELATIONS COMPATRIOTIQUES ONT-ELLES UNE VALEUR INTRINSÈQUE ?

Sur quoi pourrait bien se fonder la valeur des relations compatriotiques, si elles en ont une ? Pour cette première question, il est possible de distinguer deux niveaux de réponse. Elles ont d'abord une valeur *de fait* au sens où, pour l'individu qui s'y trouve engagé, il y a un intérêt en retour. Celui qui se trouve pris dans des relations de compatriote à compatriote ne gagne peut-être pas quelque chose de *telle* relation particulière (je veux dire : en tant qu'elle est une relation de compatriote à compatriote, car telle relation peut être intéressante pour lui pour de nombreuses autres raisons évidemment), mais cette relation est le signe d'une inscription dans un ensemble plus grand (la patrie, la communauté nationale, l'État, etc.) qui, lui, peut représenter un gain. La valeur, ici, n'est pas donc intrinsèque à la relation à proprement parler. Il faudrait dire plus exactement que la relation compatriotique est le signe d'une appartenance qui peut être considérée, elle, comme ayant de la valeur. On peut assurément remettre en cause la valeur de cette appartenance (ce que certains considèrent comme un gain, d'autres l'analyseraient peut-être comme un coût ou une perte de liberté par exemple), mais ce bénéfice de l'appartenance politique, qu'il s'agisse d'une forme supérieure de sécurité, de droit ou de liberté (selon les théories du pacte social envisagées) est toujours un gain qui provient du corps politique constitué.

Le deuxième niveau de réponse, donc, doit essayer de s'interroger sur la dimension possiblement intrinsèque (et non pas seconde) de la valeur de la relation compatriotique. Et de ce point de vue, la formule de David Miller pour expliquer ce qu'il entend par « valeur intrinsèque », pour vague qu'elle soit, mérite cependant qu'on l'analyse davantage, ne serait-ce qu'à la lumière de l'exemple qu'il utilise pour éclairer ce qu'il entend par là – l'exemple de l'amitié. Nous l'avons partiellement rappelé plus haut, il écrit : « La vie des gens est meilleure du simple fait de faire partie de ce genre de relation : quand des amitiés disparaissent, pour une raison ou pour une autre, c'est une perte ». La relation a donc une valeur intrinsèque lorsqu'elle modifie l'être de la personne qui se trouve engagée dans une telle relation. Mais cette modification intérieure sur laquelle insiste David Miller pour distinguer entre les différents types de relation pose à mon sens au moins deux problèmes. D'abord, dans la mesure précisément où elle est intérieure, on ne voit pas bien comment en mesurer l'effectivité et donc comment elle pourrait permettre de fonder ou de justifier quelque devoir spécifique que ce soit – sauf à considérer évidemment que les devoirs puissent être dits « fondés » lorsqu'ils sont simplement justifiés dans le secret du cœur ou de l'esprit de tel individu. Ensuite, cette modification intérieure est-elle vraiment suffisamment claire pour distinguer efficacement entre différentes sortes de relations ? Ne sommes-nous pas modifiés intérieurement par chacune des relations dans lesquelles nous sommes pris, y compris les plus sommaires ? Les membres du groupe de collègues qui achètent ensemble un cheval dans l'exemple de l'extrait ne subissent-ils réellement aucune modification intérieure du fait de cette association ? Et à partir de quel niveau de modification est-ce que la relation change de nature ? Et comment pourrions-nous même mesurer ces niveaux de modification ?

Il se trouve de plus que l'exemple de l'amitié tel qu'il est mobilisé par David Miller ne permet pas vraiment de répondre aux deux problèmes que nous venons d'évoquer : premièrement la différence entre l'amitié et les autres formes de relations n'est pas définie précisément ; deuxièmement la manière dont sont différenciés les devoirs associés aux différentes sortes de relations (devoirs strictement liés à la démarche coopérative *versus* devoirs ouverts de soutien, d'aide et d'entretien de la relation) semble vouloir établir des différences de nature là où l'on pourrait soutenir qu'il n'existe que des différences de degrés; et troisièmement surtout, on ne voit pas ce qui fait de la relation compatriotique une relation qui impliquerait des devoirs du type de ceux fondés par la relation amicale. David Miller peut bien écrire : « le fondement de ces devoirs réside dans le fait qu'une forme de relation précieuse serait perdue si ces devoirs n'étaient pas reconnus », mais le moins que l'on puisse dire est qu'une telle justification est légère : la relation qui unit les collègues pour l'achat du cheval de course est elle aussi précieuse en un sens pour ces collègues. Cela signifie alors que la justification des devoirs spéciaux repose toujours (quel que soit le type de relation envisagé) sur un raisonnement de cette nature : « une relation implique des devoirs spécifiques : ceux dont le non-respect entraînerait la fin de la relation ».

JUSTIFICATION POSITIVE
ET JUSTIFICATION NÉGATIVE DE LA PARTIALITÉ

Comment alors est-il possible de justifier précisément la relation compatriotique ? En quoi est-elle « précieuse » et pourrait-elle mériter qu'on puisse lui associer des devoirs spécifiques ? Dans ce large débat, l'argumentation en faveur d'une telle justification me semble pouvoir être organisée en deux types distincts. Tout d'abord la justification positive de la partialité compatriotique qui repose sur des arguments de ce modèle : les relations compatriotiques sont telles qu'elles méritent des devoirs en retour. Une autre famille d'arguments relève ensuite de ce que nous pourrions appeler la justification négative de la partialité compatriotique, au sens où ces arguments sont alors construits sur le modèle suivant : il n'est pas possible de ne pas être partial (il est impossible de se comporter de manière identique avec tout le monde).

La plupart des arguments mobilisés par les auteurs partisans du compatriotisme moral sont des arguments relevant du second type de justifications – la justification négative. Ils reviennent à dire par exemple que la partialité permet au système des devoirs de fonctionner (il faut bien que les devoirs généraux soient incarnés quelque part), ou qu'elle permet une stabilité politique intérieure en incitant les compatriotes à respecter les lois et le système de contributions (autrement dit : cela aurait un coût politique trop élevé de ne pas pratiquer cette partialité), ou encore que la proximité compatriotique permet de mieux cerner les besoins et donc d'y répondre plus justement. Dans tous les cas il s'agit de montrer que le système des devoirs et obligations nécessite cette partialité compatriotique. Cela est toujours présenté comme répondant à un constat de simple bon sens : on ne peut pas traiter tous les hommes de la même façon et il faut donc nécessairement trouver un moyen de justifier les différences de traitement de sorte qu'elles puissent être considérées comme étant compatibles avec les exigences d'une morale universaliste.

Le philosophe Richard Miller résume cela par un dialogue fictif entre le très riche avocat imaginaire « Kevin » vivant à New York et le très pauvre ramasseur de ferraille « Khalid » vivant, lui, à Dhaka au Bangladesh. Le premier cherche à justifier auprès du second le fait qu'il doive privilégier l'aide apportée à ses compatriotes plutôt qu'aux personnes vivant au Bangladesh.

> Kevin pourrait dire « Dans mes choix politiques, je dois donner la priorité à l'aide envers mes compatriotes dans

la mesure où mes relations d'interdépendance les plus
importantes sont basées sur le respect et la confiance, et
où ces compatriotes ont à être encouragés pour soutenir
les mesures politiques que je contribue à leur imposer. »
Khalid pourrait accepter ce raisonnement même s'il
souffre des conséquences mondiales de la partialité
patriotique de Kevin, parce que sa propre responsabilité
morale le pousse à donner une importance spéciale
au type de relations sociales et politiques que Kevin
recherche. [1]

Il s'agit en somme ici d'une déclinaison du concept de
« partialité raisonnable » que David Miller essaye lui aussi
de développer dans son article. Richard Miller cherche à
distinguer le vœu pieu d'une égale préoccupation pour
tous les êtres humains (*equal concern*) de la possibilité
d'un égal respect pour tous (*equal respect*). Dans
l'exemple de ce dialogue précis, le New-Yorkais respecte
l'humanité présente en la personne de Khalid aussi bien
que l'humanité de ses compatriotes, mais il n'a pas pour
tous le même soin ou la même préoccupation.

Je ne sais pas si, dans la vie réelle, Richard Miller a
eu l'occasion de rencontrer beaucoup de Khalid qui, au
milieu d'une existence de misère, trouve les ressources
rationnelles nécessaires pour accepter tranquillement un
raisonnement tel que celui tenu par Kevin – à distance,
probablement. Et, si je suis tout à fait prêt à accorder que
ce type de discours doit fonctionner très efficacement
auprès des cercles d'amis de Kevin, je dois avouer que

---

1. Richard W. Miller, « Cosmopolitan respect and patriotic
concern », *Philosophy and Public Affairs* 27, n°3 (1998), Princeton
University Press ; l'article est reproduit au chapitre IX (p. 167-185) de
Igor Primoratz (dir.), *Patriotism*, Humanity Books, New York. L'extrait
traduit ici est aux pages 168-169 (nous traduisons).

je suis plus circonspect quant au fait qu'il obtienne le même succès à Dakha, au Bangladesh, au milieu des amis de Khalid – oserait-il seulement y tenir un tel discours? Mais quoi qu'il en soit de ces remarques, ces justifications (aussi efficaces qu'elles puissent être sur le plan logique) appellent une lecture doublement critique.

LES LIMITES DU CONCEPT DE « PARTIALITÉ RAISONNABLE »

Premièrement, dans la stricte perspective développée par David Miller, ce que nous avons appelé les « justifications négatives » ont pour effet de réduire la valeur des relations compatriotiques à une valeur *instrumentale*. De ce point de vue, il faudrait se représenter le patriotisme comme le résultat d'un calcul d'intérêt opéré dans l'esprit de chacun, calcul dont le résultat serait qu'il est intéressant d'être engagé dans des devoirs spéciaux à l'égard des compatriotes. Or cela ne rend pas justice selon lui à la réalité du sentiment patriotique, à la manière dont ce sentiment est vécu. Pour David Miller en effet, la valeur de l'identité nationale se situe en amont même du gain possible que peut représenter pour l'individu la solidarité nationale. Cela suppose de faire du patriotisme un sentiment qui, en tant que tel, peut évidemment ne pas être partagé par tous, et plus encore : un sentiment dont le fait qu'il soit ou non partagé par tous n'est pas nécessaire au bon fonctionnement de l'État. David Miller évoque précisément ceux qui ne reconnaissent pas la valeur de cette identité, pour dire qu'il considère que leurs vies en sont appauvries.

> La valeur de la nationalité ne peut pas être dissipée par le fait de remarquer que certaines personnes qui seraient normalement considérées comme membres d'une nation revendiquent de n'accorder aucune valeur à leur affiliation (…). Les personnes qui nient la signification de leur identité nationale, dans le cas où cette identité leur est accessible, manquent l'occasion de pouvoir placer leurs vies individuelles dans le contexte d'un projet collectif transmis de génération en génération, entraînant entre autres la modification de l'environnement physique dans lequel ils habitent, et dont ils pourraient contribuer à orienter l'avenir par la participation politique ou par d'autres moyens. [1]

Cette manière de présenter la valeur intrinsèque de la relation compatriotique ne manque bien sûr pas de poser question, ne serait-ce que dans son rapport prétendu à l'action politique (qui la suppose selon lui) ou dans le rapport problématique qu'elle entretient avec les autres formes d'affiliations politiques (nous y reviendrons plus bas). Mais l'idée principale de la thèse de David Miller est probablement celle-ci : une communauté nationale ne pourrait pas tenir si elle était uniquement fondée sur des raisons instrumentales.

Deuxièmement, ces justifications ont toujours pour objet de sauver ou de défendre la partialité patriotique. On prend ainsi comme point de départ de l'analyse un état de fait qui trahit un biais patriotique *a priori* dans l'analyse qui en découle. Or il est tout à fait possible de ne pas partir du même présupposé. Il est par exemple possible de prendre comme point de départ non pas la nécessité d'un traitement différencié des personnes

---

1. David Miller, « Reasonable patriality towards compatriots », *op. cit.*, p. 68-69 (nous traduisons).

et favorable à ceux qui nous sont le plus proches (les compatriotes), mais plutôt la nécessité de reconnaitre le haut niveau d'interdépendance liant la richesse des pays riches et la pauvreté des pays pauvres – l'interdépendance liant Kevin et Khalid, en somme – afin de montrer que la rationalité de la partialité compatriotique ne doit pas faire oublier la rationalité des liens qui l'on pourrait appeler extra-patriotiques (et en particulier les liens supra-patriotiques).

Ce travail de déplacement du présupposé est notamment l'objet du concept de « responsabilité cosmo-politique »[1], concept qui peut se comprendre en deux sens complémentaires. En s'inspirant des travaux de Thomas Pogge ou de Charles Beitz sur la pauvreté mondiale et sur l'applicabilité des principes de la justice distributive de John Rawls à l'échelle internationale, le concept de « responsabilité cosmopolitique » désigne d'abord le fait que les situations de pauvreté dans le monde ne sont pas coupées les unes des autres et que les nations n'ont pas la responsabilité exclusive de leurs situations économiques respectives. Ce concept repose donc premièrement sur une remise en cause des thèses liées à ce qu'on appelle les « causes domestiques » de la pauvreté mondiale, thèses selon lesquelles la pauvreté serait le résultat de pratiques et de choix qui ne fonctionnent pas ou d'une incapacité à se réformer – une conception qui considère que les États sont entièrement responsables économiquement et qu'ils sont capables de sortir seuls de l'état de pauvreté. Il y a bien entendu une part non négligeable de responsabilité domestique, mais, d'une part, les États héritent d'une

---

1. Je propose une analyse de ce concept dans « Le cosmopolitisme et l'exigence de justice globale », dans M. Foessel, L. Lourme (dir.), *Cosmopolitisme et démocratie*, Paris, P.U.F., 2016, p. 65 *sq*.

histoire qui conditionne leur capacité économique, et d'autre part le système global ne va pas dans le sens d'une issue pour les pays les plus pauvres (en l'état actuel des choses en effet, ils ne peuvent pas négocier d'égal à égal avec les autres États, et les États les plus riches en particulier, notamment par le biais des règles régissant le commerce mondial, ne favorisent pas la sortie de la misère des pays les plus pauvres). En ce sens la partialité compatriotique peut être considérée comme posant un problème moral dans la mesure où cette partialité entérine ou renforce un état de fait injuste.

Mais la notion de responsabilité cosmopolitique ne désigne pas seulement une responsabilité des États. C'est le deuxième sens de ce concept de permettre de mettre aussi en lumière le rôle des individus, à l'échelle de la planète, dans la persistance de certaines injustices (ne serait-ce que par le biais de leur mode de consommation et de capitalisation, ou par le fait que les individus reconduisent par leurs votes, dans les États démocratiques, les choix politiques qui structurent le système économique global). Et, outre sa dimension politique et économique, cette responsabilité cosmopolitique des individus peut aussi s'entendre en un sens plus strictement moral à condition qu'il soit possible de s'accorder sur le fait que chaque individu a les mêmes devoirs vis-à-vis des autres habitants de la planète – au moins les mêmes devoirs négatifs (le devoir de ne pas nuire par exemple).

De ce double point de vue (collectif et individuel), il n'est donc jamais anodin de considérer que la partialité patriotique puisse être envisagée hors-sol, et de faire comme si les préférences accordées aux compatriotes n'étaient pas directement liées à la situation des autres habitants de la planète (non pas uniquement sur le plan moral). Ces observations critiques ne reviennent pas à nier le caractère « raisonnable » de la partialité patriotique telle qu'elle a été justifiée par les différents arguments dont nous avons essayé de rendre compte, elles ont essentiellement pour objet de montrer que les conséquences de cette partialité peuvent être problématiques. Et une telle remise en cause de la partialité patriotique au nom de ses effets politiques met ainsi au jour la possible concurrence entre différentes échelles d'appartenance politique et oblige au moins à poser la question du rapport entre les différents niveaux d'attachement du citoyen.

LE CONFLIT DES LOYAUTÉS

À partir de tout ce que nous venons d'exposer, que faire lorsqu'il y a conflit entre ce que commandent les différents attachements dans lesquels nous sommes pris ? Et où est, alors, la rationalité ? David Miller ne fait pas comme s'il n'existait pas un « extérieur » de la patrie (d'autres patries), pas plus qu'il n'ignore l'inscription de la patrie (et du patriote) dans d'autres ensembles politiques plus larges. La « partialité raisonnable » qu'il essaye de présenter dans cet article n'est pas « raisonnable » seulement parce qu'elle est justifiée, mais aussi, précisément, parce qu'elle n'est pas exclusive des autres formes d'obligations. Essayer d'ailleurs de construire une telle partialité raisonnable, c'est essayer de construire une théorie de la partialité dont on puisse rendre compte y compris devant ceux qui n'en bénéficient pas.

Toutefois, si l'existence de devoirs cosmopolitiques n'est pas niée dans cet article, la question de l'articulation des différentes échelles d'appartenance (ou des différents types d'appartenances) n'est pas posée. Elle est même explicitement mise de côté à la fin de l'extrait dont nous proposons le commentaire :

> La question à ce stade n'est pas de savoir quel poids il faut attacher aux devoirs nationaux, mais si l'appartenance nationale a une valeur intrinsèque de telle sorte à pouvoir justifier des devoirs spéciaux, indépendamment de la question de savoir si ces devoirs peuvent outrepasser les devoirs familiaux, cosmopolites, etc.

Or l'inscription de l'individu au sein de différentes sphères politiques oblige à considérer l'articulation entre les différentes « loyautés » vis-à-vis desquelles il se trouve engagé, en particulier lorsque celles-ci sont concurrentes. En d'autres termes : peut-on vraiment penser les devoirs spéciaux issus du compatriotisme « indépendamment » des autres devoirs ?

L'ensemble de cette question renvoie précisément au problème que je propose d'appeler le conflit de loyautés[1] – conflit qui ne se pose pas tant en termes de hiérarchisation des *appartenances* qu'en termes de hiérarchisation des *attachements*. Le fait d'appartenir à plusieurs entités, plusieurs groupes, plusieurs structures ne pose pas de problème en soi et nous pourrions même dire que la manière dont est vécue l'articulation entre ces différentes appartenances est ordinairement apaisée – ou non-conflictuelle. Disons même : la question de l'articulation entre mes appartenances X et Y ne se pose ordinairement pas. Mais cela ne signifie pas qu'elle ne puisse pas se poser, et qu'elle ne puisse pas se poser avec

---

1. Louis Lourme, *Le nouvel âge de la citoyenneté mondiale*, Paris, P.U.F., 2014, p. 249 *sq.*

urgence lorsqu'il risque y avoir conflit entre les devoirs exigés par nos différentes loyautés. C'est en cela que la posture de David Miller peut poser problème : la situation de conflit de loyautés ne peut pas être évacuée par le compatriotisme car celui-ci n'existe pas indépendamment des autres appartenances au sein desquelles les individus (en tant qu'agents politiques) sont nécessairement engagés par statut ou volontairement.

Comme le concept de responsabilité cosmopolitique le suggérait déjà, ce thème du conflit des loyautés n'est évidemment pas un thème propre à la philosophie politique contemporaine, il ne s'agit finalement de rien d'autre que d'une déclinaison du thème très classique de la notion de *dilemme* dans lequel l'agent est déchiré entre deux loyautés qui entrent en conflit dans sa propre personne en exigeant de lui des comportements différents (et contradictoires). Mais sur le plan des appartenances politiques, c'est un thème qui peut se déployer à une autre échelle, en interrogeant d'une part la manière dont les exigences du compatriotisme peuvent être articulées à celles issues d'autres échelles d'appartenance, et d'autre part s'il est possible de choisir entre les deux lorsque le choix est impératif.

Cette manière de poser le problème et de penser le fait patriotique en relation aux autres modalités de l'appartenance politique recouvre précisément les termes du débat entre les auteurs qu'on appelle « cosmopolites » (explicitement évoqués par David Miller dans cet extrait) et ceux qui s'y opposent (disons : les étatistes ou ceux qui s'autoproclament réalistes). Les cosmopolites sont les penseurs qui cherchent essentiellement à penser les droits et les obligations de l'individu en priorité selon son inscription dans le monde. Cela ne signifie pas qu'ils sont attachés seulement au monde, mais plutôt que cet attachement au monde est *premier* – angle qui ne tarde évidemment pas à entrer en conflit avec celui du compatriotisme.

Ce qui distingue le partisan du compatriotisme de celui du cosmopolitisme, ce n'est pas que l'un est replié sur lui-même tandis que l'autre est ouvert sur le monde, ou que l'un est conscient de ce qu'il doit à ses proches tandis que l'autre est incapable d'attachement (selon la manière dont on choisit de présenter les deux positions possibles). Ce qui distingue l'un de l'autre est la *primauté* qu'il donne à tel ou tel attachement. En cas de conflit entre les deux, quel attachement prime l'autre ?

Il se trouve, et ce n'est pas un hasard, que la position cosmopolite est frontalement critiquée par David Miller qui, dans certains textes, s'est montré très critique vis-à-vis de la pertinence même d'une telle approche. Dans un article de 2002, il la résume par exemple en une alternative qui condamne selon lui par avance tout discours relevant du cosmopolitisme comme étant non pertinent. Il explique ainsi qu'on peut distinguer deux formes du cosmopolitisme seulement : un cosmopolitisme « fort » qui affirme que nous aurions des devoirs identiques envers tous les êtres humains (affirmation inapplicable en pratique) et un cosmopolitisme « faible » qui se contente d'affirmer l'égale dignité entre les individus (affirmation qui n'apporte rien). Cette distinction pousse David Miller à dire du cosmopolite contemporain qu'il se trouve comme face à une impasse théorique : soit celui-ci soutient une évidence qui n'apporte rien, soit il soutient une position indéfendable[1]. Je ne crois pas que cette manière de présenter le cosmopolitisme (très largement discutée depuis, notamment par Thomas Pogge) signifie que David Miller nie l'importance des problématiques mondiales ou l'urgence d'un traitement concerté de certains problèmes à l'échelle de la planète. Cela trahit seulement un rejet du cosmopolitisme comme premier attachement possible – cela, seul le patriotisme peut légitimement l'être selon lui. Or, les oppositions mises au jour par ce conflit des loyautés montrent précisément selon moi que cette définition négative de l'attachement patriotique comme refus de l'identité de nos devoirs vis-à-vis des proches et des autres habitants de la planète doit être considérée comme un élément constituant de la notion de patriotisme, quel que soit le sens que l'on donne à la notion de « patrie ».

1. David Miller, « Cosmopolitanism : a critique », *Critical Review of International Social and Polical Philosophy*, vol. 5, n° 3, October 2002, p. 80-85

TABLE DES MATIÈRES

QU'EST-CE QUE LE PATRIOTISME ?

TEXTES ET COMMENTAIRES

Achevé d'imprimer le 5 mars 2019
sur les presses de
La Manufacture - Imprimeur – 52200 Langres
Tél. : (33) 325 845 892

N° imprimeur : 190237 - Dépôt légal : mars 2019
Imprimé en France